AF130241

Über den Verlag:

Mit der Herausgabe der Reihe „hintergründe" wendet sich der Verlag an ein größeres Publikum, als er das als wissenschaftlicher Verlag bisher getan hat. Seit vielen Jahren prägen Themen aus der Wirtschaft das Programm des Verlags, dessen Angebot, wie sein Name besagt, zunächst mehr im naturwissenschaftlichen Bereich lag.

Das große Bedürfnis nach einer objektiven, parteipolitisch neutralen Information über die brennenden Zeitprobleme, deren Ursprung oder Lösung fast immer im Wirtschaftsbereich zu suchen ist, hat die Herausgabe der Reihe „hintergründe" angeregt.

hintergründe
8

Über das Buch:

Inflation wird heute von vielen als wirtschaftliches Problem Nummer eins betrachtet. Nicht nur die Sparer fühlen sich von Inflation bedroht; viele Regierungen sehen in der Inflationsbekämpfung die einzige Möglichkeit, aus der derzeitigen wirtschaftlichen Stagnation längerfristig wieder herauszukommen. Das Sich-Schützen vor den wirklichen, aber auch vor vermeintlichen Auswirkungen von Inflation verschlingt jedoch mehr und mehr an volkswirtschaftlichen Ressourcen.

Dieses Buch versucht Ihnen, in einer verständlichen Sprache die vielfältigen Zusammenhänge, die sich mit der Erscheinung einer Inflation verbinden, darzulegen. Es beginnt mit der Erläuterung dessen, was Inflation eigentlich genau ist, wie Inflation offiziell berechnet wird, und auf welche geschichtlichen Erfahrungen mit Inflation wir zurückblicken können. Danach werden die verschiedenen Ursachen von Inflation erklärt und die Gründe für das hartnäckige Andauern von Inflation genannt. Im Anschluß daran werden die wirtschaftlichen und sozialen Auswirkungen von Inflation diskutiert. Und schließlich finden Sie noch einen Überblick über die verschiedenen wirtschaftspolitischen Maßnahmen zur Bekämpfung von Inflation, darunter altbekannte und auch 'alternative' Möglichkeiten.

Helmut Wagner, geb. 1951, Diplom-Volkswirt, Diplom-Soziologe, Dr. rer. pol. habil., Professor für Volkswirtschaftslehre an der Hochschule für Wirtschaft und Politik Hamburg, derzeit auch für 1 Jahr als Visiting Professor an der University of California, Riverside.
Der Autor hat in den letzten Jahren mehrere Arbeiten auf dem Gebiet der Inflationstheorie veröffentlicht.

H. Wagner

Inflation!

 Springer-Verlag Berlin Heidelberg GmbH

ISBN 978-3-662-41539-9

CIP-Kurztitelaufnahme der Deutschen Bibliothek

Wagner, Helmut:
Inflation! / H. Wagner. – Würzburg ; Wien :
Physica-Verlag, 1983.
   (Hintergründe ; 8)
   ISBN 978-3-662-41539-9   ISBN 978-3-662-41538-2 (eBook)
   DOI 10.1007/978-3-662-41538-2
NE: GT

Planung und Redaktion: Arnulf Liebing
Lektorat: Olaf Kleinelanghorst
Umschlagentwurf: Physica-Verlag
Umschlagfoto: PAL, Reutlingen

Buchbinder: Buchbinderei Bille, Ochsenfurt
© Springer-Verlag Berlin Heidelberg 1983
Ursprünglich erschienen bei **Physica-Verlag, Rudolf Liebing GmbH + Co.,**
Würzburg, 1983.

Inhaltsverzeichnis

Vorwort

Dieses Buch erscheint in einer Zeit, in der die Inflation besonders schmerzlich empfunden wird. Während über lange Zeit die Preissteigerungen durch die Einkommenssteigerungen aufgefangen werden konnten, sehen wir uns seit einigen Jahren einer Situation gegenüber, in der die Preissteigerungen zu realen Kaufkraftverlusten bei den meisten Haushalten führen.

Jeder von Ihnen wird selbst merken, wie die dauernden Preissteigerungen bei fast allen Gütern das Haushaltsbudget des Einzelnen belasten. Ähnlich ergeht es dem Staat. Die ständig steigenden Preise für die Bereitstellung der öffentlichen Güter zwingen den Staat angesichts der in der derzeitigen Rezession spärlicher fliessenden Steuereinnahmen immer wieder zu einer Ausweitung der Staatsverschuldung.

Was haben die Politiker nun gegen die Dauer-Inflation anzubieten? Nicht viel, wie es scheint. Die meisten westlichen Industrieländer haben seit Jahren zweistellige Inflationsraten. Und auch der neue wirtschaftspolitische Besen, genannt *Monetarismus*, mit dem die englische Premierministerin Margaret Thatcher seit nunmehr fast 3 Jahren die Inflation in ihrem Land wegzufegen versucht, ist inzwischen stark in Mitleidenschaft gezogen. Wohl gelang bei der Inflationsbekämpfung ein Teilerfolg. Jedoch wuchs dadurch ein Arbeitslosenheer von 3 Millionen heran, was anderen, noch größeren gesellschaftlichen Zündstoff erzeugt.

Nun ist die Unsicherheit, ja manchmal Ratlosigkeit, der Politiker auch bedingt durch die verschiedenen Erklärungen über die Ursachen der Inflation, die von Wissenschaftlern und anderen Fachleuten ständig geliefert werden. Während die einen die „Multis", insbesondere in den letzten Jahren die Ölkonzerne, für die Dauerinflation verantwortlich machen, führen die anderen die Lohnmaschinerie der Gewerkschaften an. Wieder andere verweisen auf den Zusammenhang von Geldmengenwachstum und Inflation, oder auf den Inflationsimport aus dem Ausland. Schließlich wettert der Bundeswirtschaftsminister — und nicht nur er — darüber, daß wir alle nicht hart genug arbeiten und zu viel fordern, und sieht darin die Hauptursache für Inflation und wirtschaftliche Stagnation.

Wer hat nun Recht? Hat überhaupt jemand Recht?

Sie werden sicherlich Ihre eigene vorgefaßte Meinung dazu haben. Dieses Buch ist nicht geschrieben, um Ihnen in geschickter Manier eine gewisse Erklärung aufzudrängen. Es soll Sie dazu befähigen, kritisch die Gedankengänge nachzuvollziehen und zu hinterfragen, die hinter den verschiedenen Erklärungen und Therapiemustern stecken, die Sie fast jeden Tag in verschiedenen Varianten in den Zeitungen, im Rundfunk und im Fernsehen parolenhaft vermittelt bekommen.

Nun noch einige Worte zum Aufbau des Buches:

Das *erste* Kapitel beschäftigt sich mit der Frage, was denn überhaupt Inflation genau ist und wie man zu den geheimnisvollen Zahlen kommt, die uns monatlich in den Medien als offizielle Preissteigerungsraten bekanntgegeben werden. Sie werden sehen, daß die Ermittlungsweise dieser Zahlen gar nicht so unumstritten ist. Außerdem enthält dieses erste Kapitel noch eine wohlgemerkt knappe Darstellung der bisherigen geschichtlichen Erfahrungen mit Inflation. Dabei wird das Schwergewicht auf die deutschen Inflationen in diesem Jahrhundert gelegt.

Im *zweiten* Kapitel werden die Fragen behandelt: Wie entsteht Inflation und welche Ursachen stecken hinter dem nicht abreißenden Inflationsprozeß der letzten Jahrzehnte?

Dazu gibt es verschiedene von Politikern und Wissenschaftlern verkündete Erklärungen. Damit Sie zum Schluß mehr als nur das ungute Gefühl haben, daß alle Erklärungen ja irgendwie gleich plausibel klingen, wird der Darstellung und Diskussion der verschiedenen Erklärungen etwas breiterer Raum gewidmet. Dabei wird aufgezeigt, unter welchen — meist nicht direkt sichtbaren — Rahmenbedingungen die einzelnen Erklärungen nur Gültigkeit beanspruchen können. Der Übergang von Erklärung zu Ideologie ist ja im politischen Bereich oft fließend. Wenn Sie die Ausführungen in diesem Kapitel etwas genauer lesen, werden Sie imstande sein, die doch oft pauschalierenden Inflationserklärungen von Politikern und Journalisten differenzierter zu sehen. Vor allem werden Ihnen die „Hintergründe" verständlicher. Denn jede der hier aufgeführten und in der Öffentlichkeit vertretenen Inflationserklärungen ist im Prinzip von einem jeweils relativ geschlossenen abstrakten Gedankenmodell über wirtschaftliche und gesellschaftliche Zusammenhänge abgeleitet und von daher nicht immer ohne weiteres auf die jeweilige Realität zu übertragen. Noch eine kurze Anmerkung: Die Lektüre dieses Kapitels verlangt sicherlich manchmal etwas Konzentration, ist aber nicht allzu schwierig. Lassen Sie sich also nicht durch den meist verzerrenden Eindruck des ‚ersten Blicks‘ entmutigen!

Im *dritten* Kapitel wenden wir uns dann den Auswirkungen von Inflation zu. Die Frage nach den Inflationskosten ist ja ziemlich bedeutsam, um überhaupt beurteilen zu können, welches Gewicht einer Inflationsbekämpfung zukommen soll. Vielleicht ist Inflation gar nicht so schädlich wie herkömmlicherweise angenommen? Die Auswirkungen von Inflation werden vor allem dargestellt in Bezug auf das Vermögen, die Staatsverschuldung, das Geldsystem, auf Beschäftigung und Wirtschaftswachstum, und auf die Entwicklungsländer.

Im *vierten* Kapitel dann werden die verschiedenen Möglichkeiten und Ansatzpunkte einer Inflationsbekämpfung geschildert und auf ihre Wirksamkeit hin untersucht. Der von Maßhalteappellen über Steuererhöhungen bis hin zu Preiskontrollen reichende vielfältige Maßnahmenkatalog wird dabei eingeteilt in die wirtschaftspolitischen Bereiche ‚Fiskalpolitik‘, ‚Einkommens- und Wettbewerbspolitik‘, ‚Geld- und Währungspolitik‘.

Schließlich wird im *fünften* und letzten Kapitel ein „Ausblick" gegeben auf mögliche andere oder auch „alternative" Auswege. Im ersten Teil werden Handlungsmöglichkeiten *in* Inflationen besprochen: einmal die gesamtgesellschaftliche Möglichkeit der „Indexierung", und zum anderen die sicherlich beschränkten, aber immerhin vorhandenen „Schutzmöglichkeiten" jedes einzelnen von Ihnen vor Inflation. Und im zweiten Teil wird kurz der weitestgehende Ausweg einer Wirtschaftsordnungsänderung als Grundlage einer Inflationsvermeidung angesprochen.

Mein Dank für kritische Hinweise zum Manuskript gilt dem Verleger der Reihe ‚Hintergründe‘, Arnulf Liebing, sowie meinem Kollegen Richard Jäger. Ganz besonders aber möchte ich meiner Frau Mechthild danken, die wesentlich dazu beitrug, daß das Manuskript in einer relativ kurzen Zeit fertiggestellt werden konnte.

I. Inflation — Begriff, Messung und Geschichte

In diesem Kapitel möchte ich die Fragen behandeln, was Inflation eigentlich ist, wie sie — offiziell — gemessen wird, welche Meßschwierigkeiten und Meßfehler dabei auftreten, und abschließend, nach Erläuterung einiger besonderer Arten von Inflation, an geschichtlichen Erfahrungen bedeutende Unterschiede in der Inflationsentwicklung dieses Jahrhunderts aufzeigen.

1. Was ist Inflation?

Unter Inflation wird üblicherweise der Prozeß andauernder Preissteigerungen verstanden, sofern gesamtwirtschaftlich dadurch das Preisniveau laufend steigt. Was heißt dies genau? Fangen wir einmal damit an, was Inflation nicht heißt. Es ist noch *keine* Inflation,
- wenn einzelne Preise (wie beispielsweise die Benzinpreise) stetig steigen,
- wenn das Preisniveau nur kurzfristig oder gar nur einmalig steigt, danach aber wieder sinkt oder gleichbleibt.

Das Preisniveau (der gewogene Durchschnitt aller betrachteten Preise) muß also ständig steigen, d.h. konkret: zumindest über einige Jahre hinweg, damit man von Inflation sprechen kann.

Hier ist eine Randbemerkung angebracht:

Synonym für Inflation wird oft auch der Begriff „dauernde Geldentwertung" verwendet, da Preissteigerungen ja bedeuten, daß für eine bestimmte Geldmenge weniger der nun teureren Güter gekauft werden können. Oder anders ausgedrückt: Die Kaufkraft des Geldes, der DM, sinkt im Inland. (Wie es im Ausland, im Verhältnis zu anderen Währungen, aussieht, ist eine andere Sache, auf die wir aber noch im Laufe des Buches zu sprechen kommen.)

Doch nun zum schillernden Begriff des „Preisniveaus": Ich habe oben in Klammern geschrieben: „der gewogene Durchschnitt aller betrachteten Preise". Sie sehen sicherlich schon die zwei Haken, die bei der konkreten Bestimmung einer Inflationshöhe oder wie man oft auch sagt: Inflations*rate* auftreten. Der eine Haken ist der:

(1) Wieviel und welche (Einzel-)Preise werden betrachtet?

Der zweite Haken liegt in der Gewichtung des Durchschnitts:

(2) Was heißt konkret: „gewogener Durchschnitt"?
Wir sind hier schon beim Problem der Inflationsmessung angelangt.

2. Wie wird Inflation gemessen?

(1) Das Problem, wieviel bzw. welche Einzelpreise bei der Inflationsberechnung betrachtet werden sollen, wird von den Statistikern auch als „Indexproblem" bezeichnet. Es ist bei dieser Problemlösung entscheidend, was man erfahren will, wofür man sich interessiert. Je nachdem welche Einzelpreise man als Grundlage des Preisniveaus auswählt, kommt man zu anderen Inflationsraten. Interessiert man sich dafür, wie hoch die Geldentwertung für die Verbraucher im letzten Jahr war, so betrachtet man am besten nur die Preise der sogenannten Verbrauchsgüter, nicht dagegen die Preise der Investitions- und Exportgüter, von denen ja der Verbraucher zumindest nicht direkt betroffen wird. Für die Unternehmer hingegen sind bestimmt die Preise der Investitionsgüter wichtiger. Den unterschiedlichen Interessen trägt auch das Statistische Bundesamt[1]) Rechnung und berechnet laufend eine ganze Palette unterschiedlicher Preisindizes, die auch regelmäßig veröffentlicht werden (wen dies näher interessiert, der sollte einmal in die vom Statistischen Bundesamt herausgegebene Zeitschrift „wirtschaft und statistik" hineinsehen, wo im letzten Teil u.a. immer die Entwicklung der einzelnen Preisindizes festgehalten ist). Als zentraler Preisindex zur Kennzeichnung von „Inflation" hat sich allerdings in den letzten Jahrzehnten in der Praxis der Index der Verbrauchs- oder Konsumgüterpreise, auch bezeichnet als **Index der Lebenshaltungskosten**, durchgesetzt.

Dies war nicht immer so: Vor dem Zweiten Weltkrieg bevorzugte man den Index der Großhandelspreise als Grundlage der Inflationskennzeichnung, und nach dem Zweiten Weltkrieg erwog man lange Zeit die Heranziehung des Preisindex für das Bruttosozialprodukt, der die Preise aller überhaupt erfaßten Güter und Dienstleistungen in einer Volkswirtschaft betrachtet. Letztlich hat sich der Index der Lebenshaltungskosten doch durchgesetzt, dies vor allem wegen der großen Bedeutung dieses Index für die Einkommensverteilung und damit die Einkommenspolitik in einer Volkswirtschaft.

Genau genommen berechnet das Statistische Bundesamt fünf verschiedene Preisindizes für die Lebenshaltung: je einen

---

[1]) Das Statistische Bundesamt ist eine Bundesbehörde mit Sitz in Wiesbaden, die den Auftrag hat, das volkswirtschaftliche Geschehen in der Bundesrepublik laufend in Zahlen festzuhalten.

— für alle privaten Haushalte,
— für Vier-Personen-Haushalte von Angestellten und Beamten mit höherem Einkommen,
— für Vier-Personen-Haushalte mit mittlerem Einkommen, und
— für Zwei-Personen-Haushalte von Renten- und Sozialhilfeempfänger.
— Daneben wird auch ein Preisindex für die „einfache Lebenshaltung eines Kindes" berechnet.

Der für die Preisentwicklung insgesamt in der Regel als repräsentativ angesehene Preisindex ist der erstere, d.h. der für die Lebenshaltung *aller privaten Haushalte*. Wenn Sie also in den (Fernseh- oder Rundfunk-)Nachrichten von der Rate des Anstiegs der Lebenshaltungskosten hören, ist damit immer dieser spezielle Index angesprochen. Dieser Preisindex, der vom Statistischen Bundesamt zum ersten Mal im März 1969 veröffentlicht worden ist, bezieht sich nicht auf einen bestimmten Haushaltstyp, sondern spiegelt die durchschnittliche Verbraucherpreisentwicklung aller privaten Haushalte wider.

(2) Der Berechnung dieses Preisindexes liegt ein fiktiver Haushalt zugrunde, nämlich der Durchschnitt aus der Gesamtheit der in der Bundesrepublik vorhandenen privaten Haushalte. Dieser Durchschnittshaushalt (im für die augenblickliche Berechnung der Preisindizes noch zugrundegelegten Basisjahr 1976) sieht so aus: in ihm leben 2,6 Personen, und zwar 2 Erwachsene und 0,6 Kinder unter 18 Jahren. Die Höhe seiner monatlichen Verbrauchsausgaben beläuft sich auf 2.326 DM. Von seinen Ausgaben

Tab. 1: Ausgabenstruktur des Durchschnittshaushalts

Nahrungs- und Genußmittel	26,672
Kleidung, Schuhe	8,746
Wohnungsmiete	13,327
Elektrizität, Gas, Brennstoffe	4,913
Übrige Waren und Dienstleistungen für die Haushaltsführung	10,010
Waren und Dienstleistungen für Verkehrszwecke, Nachrichtenübermittlung	14,753
Waren und Dienstleistungen für die Körper- und Gesundheitspflege	4,316
Waren und Dienstleistungen für Bildungs- und Unterhaltungszwecke	7,873
Persönliche Ausstattung und Sonstiges	9,390
Gesamtlebenshaltung	100,000

Quelle: Statistisches Bundesamt

14 fallen knapp 27% auf Nahrungs- und Genußmittel, 8,7% auf Kleidung und Schuhe, 13,3% auf Wohnungsmiete usw., wie auch aus Tabelle 1 ersichtlich wird.

Die in der Tabelle 1 festgehaltene Aufgliederung ist eine schon „aggregierte", d.h. eine schon in wenige Konsumgütergruppen zusammengefaßte. In der detaillierteren Berechnung der Ausgabenstruktur, so wie sie vom Statistischen Bundesamt durchgeführt wird, umfaßt die Konsumgüterpalette (auch genannt: der „Warenkorb" oder besser „Güterkorb") des Durchschnittshaushalts derzeit 780 Waren und Dienstleistungen. In der Systematik des Statistischen Bundesamts stehen „Güter" als Oberbegriff für Waren (Sachgüter) *und* Dienstleistungen. Fälschlicherweise wird jedoch auch dort wie in den Medien und Fachbüchern immer noch von „Warenkorb" gesprochen, obwohl dieser auch Dienstleistungen enthält. Trotz seiner Ungenauigkeit werde ich im folgenden, um Sie nicht zu verwirren, den in den Medien und Fachbüchern üblicherweise gebrauchten Begriff „Warenkorb" verwenden. Sie müssen allerdings immer mitbedenken, daß der „Warenkorb" sowohl Waren (Sachgüter) als auch Dienstleistungen (wie Haareschneiden, Kinovorstellungen, Taxifahrten usw.) enthält.

Wie kommt man nun zu diesen Zahlen? Woher weiß das Statistische Bundesamt so genau, wieviel die Haushalte wofür (im Durchschnitt) ausgeben?

Ganz einfach: Die Bundesbürger helfen bei der Erkundung dieser Zahlen(verhältnisse) selbst mit. Stellvertretend für die insgesamt über 24 Millionen Haushalte führen repräsentativ ausgewählte Haushalte jeweils ein Haushaltsbuch, in das sie alle gekauften Güter und Dienstleistungen genau eintragen. Aus dieser Vielzahl von Haushaltsbüchern werden vom Statistischen Bundesamt typische Warenkörbe sowohl für einzelne Haushaltsgruppen als auch für den Durchschnittshaushalt zusammengestellt.

Man unterscheidet bei dieser Datensammlung der ausgewählten Haushalte zwischen sogenannten laufenden Wirtschaftsrechnungen, die jedes Jahr von rund 1.000 Haushalten, die zu einem der oben bei der Aufzählung der verschiedenen Preisindizes für die Lebenshaltung genannten Haushaltstypen gehören, durchgeführt werden, und Einkommens- und Verbrauchsstichproben, die derzeit im fünfjährigen Zyklus erhoben werden. Bei den letzteren Stichproben sind 50.000 bis 60.000 Haushalte beteiligt, die für einen bzw. zwölf Monat(e) ihre Ausgaben schriftlich festhalten: einen Monat lang müssen sämtliche Ausgaben für Lebensmittel und den täglichen Bedarf notiert, und zwölf Monate lang die Aufwendungen für größere Anschaffungen über 25 bis 30 DM sowie

die Kosten für Miete, Strom und Gas niedergeschrieben werden.
Aus diesen so erhaltenen Angaben ermittelt dann das Statistische Bundesamt die in der Tabelle 1 festgehaltenen relativen Gewichte der einzelnen Konsumgüter im Warenkorb des Durchschnittshaushalts. Diese Gewichte bilden ihrerseits die Grundlage für die Berechnung der Preisindizes für die Lebenshaltung.

Halten wir einen Augenblick inne und erinnern uns an die oben bei der Begriffserläuterung des „Preisniveaus" aufgestellte, aber noch nicht beantwortete Frage nach dem „gewogenen Durchschnitt". Das Preisniveau wurde dort ja mit „gewogener Durchschnitt aller betrachteten Preise" umschrieben.

Die betrachteten Preise sind beim Lebenshaltungskostenindex, wie vorhin erläutert worden ist, die Konsumgüterpreise. Und der gewogene Durchschnitt ist der Durchschnitt dieser Preise, gewichtet mit dem eben umschriebenen Gewichtungsschema. In eine Formel gepreßt heißt dies:

(Konsumgüter-)Preisniveau (× 100) = Preis des Konsumgutes Nr. 1 × relatives Gewicht dieses Konsumgutes Nr. 1 im Warenkorb des Durchschnittshaushalts (in %)
+ Preis des Konsumgutes Nr. 2 × relatives Gewicht dieses Konsumgutes Nr. 2 im Warenkorb des Durchschnittshaushalts (in %),
+ ...
·
·
+ Preis des Konsumgutes Nr. 780 × relatives Gewicht dieses Konsumgutes Nr. 780 im Warenkorb des Durchschnittshaushalts (in %).

(Die Zahl 780 beruht auf der genannten Anzahl der vom Statistischen Bundesamt berücksichtigten Konsumgüter im Warenkorb eines Durchschnittshaushalts.)

Als Lesebeispiel: Wenn wir annehmen, daß „Wohnung" das Konsumgut Nr. 1 darstellt, so würde als relatives Gewicht oben in die Formel 13,327 eingesetzt werden müssen. Die Zahl 13,327 erhalten Sie, wenn Sie die Tabelle 1 betrachten. Dort ist bei „Wohnungsmiete" der Wert 13,327 eingetragen. Da die Gesamtlebenshaltung dort gleich 100 gesetzt ist (unterste Zeile in der Tabelle 1!), heißt dies, daß das relative Gewicht der Ausgaben für das Gut „Wohnen" gleich 13,327% (Prozent) von den Gesamtausgaben für die Lebenshaltung beträgt. Deswegen ist oben in der For-

16 mel das Preisniveau mal 100 genommen worden. (Auf jeden Fall müssen dann die relativen Gewichte immer zusammengezählt gleich 100 ergeben.)

Nun werden Sie schon erahnen, wie die Messung bzw. Berechnung der Inflationsrate, die Sie monatlich in den Nachrichten vorgesetzt bekommen, endgültig zustandekommt.

Und zwar wird die Preisentwicklung der 780 im Warenkorb enthaltenen Güter und Dienstleistungen durch monatliche Umfragen in zur Zeit rund 22.000 Geschäften in der Bundesrepublik ermittelt. So erhält man laufend neue Preisangaben für die einzelnen Güter des Warenkorbs.

Die offizielle Inflationsrate (m.a.W.: der Lebenshaltungskostenanstieg) wird nun dadurch bestimmt, daß man den Gesamtpreis des Warenkorbs heute mit dem Gesamtpreis dieses Warenkorbs von vor einem Jahr vergleicht. Dies ist die übliche Berechnungsart in den meisten Ländern der Welt. Allerdings gibt es einzelne Länder wie die USA, die den Preisanstieg des Warenkorbs auf den Vormonat beziehen. Von daher sind die in Zeitungen oft gezogenen aktuellen Inflationsvergleiche zwischen den USA und anderen Ländern wie der Bundesrepublik (falls sie nicht auf die gleiche Berechnungsbasis umgerechnet worden sind) verfehlt und von daher mit Vorsicht zu genießen.

Angewandt auf unsere obige Formel bedeutet dies:
Einmal werden die heutigen Preise der Konsumgüter Nr. 1 bis Nr. 780 eingesetzt, das andere Mal werden die Preise des Vorjahres eingesetzt. Die relativen Gewichte bleiben gleich. Der Anstieg des Preisniveaus mit den neuen Preisdaten der einzelnen Konsumgüter gegenüber dem Preisniveau mit den Preisdaten des Vorjahres ergibt die **offizielle Inflationsrate**.

3. Meßschwierigkeiten und Meßfehler

Ganz ohne Probleme ist die eben beschriebene Berechnungsart allerdings nicht, wenn man davon ausgeht, daß die Inflationsrate die laufende (aktuelle) Geldentwertung oder die Kaufkraftverluste richtig angeben soll.

3.1 Änderung der Verbrauchsgewohnheiten

Vielleicht ist Ihnen selbst schon ein Kritikpunkt beim Lesen des vorherigen Abschnitts aufgefallen. Dort stand u.a. der Satz: „Die relativen Gewichte bleiben gleich." Was heißt das? Damit ist gesagt, daß bei der Berechnung der Inflationsrate implizit davon ausgegangen wird, daß sich die Verbrauchsgewohnheiten der Haushalte, egal wie sich die Preisverhältnisse zwischen den Konsumgütern verschieben, nicht verändern. Ist dies akzeptabel? Zumindest ist es eine sehr stark vereinfachende Annahme, die die „wahren" Kaufkraftverluste ganz schön verzerren kann. Um zwei Beispiele zu geben:

(1) Angenommen, der Preis für Butter steigt rapide an, während der Preis für Margarine relativ unverändert bleibt, so wird man davon ausgehen können, daß viele der Haushalte (insbesondere der geringer verdienenden), die vorher in erster Linie Butter gekauft haben, zunehmend (mit dem Preisanstieg der Butter) auf Margarine umsteigen werden. Der Gewichtungsfaktor für das Konsumgut „Butter" im Warenkorb des Durchschnittshaushalts würde damit effektiv zurückgehen, während er nach der obigen, offiziellen Berechnungsmethode der Inflationsrate unverändert hoch bleibt. Insgesamt würde dies bedeuten, daß die Inflationsrate durch diese Berechnungsart offiziell höher ausgewiesen wird als sie in Wirklichkeit ist, wenn man die durch die höheren Preise ausgelösten Änderungen der Verbrauchsgewohnheiten mit berücksichtigt. Dies wird vielleicht noch deutlicher beim zweiten — aktuelleren und wirklichkeitsnäheren — Beispiel.

(2) 1981 sank der Benzinverbrauch durch die immer höher gewordenen Benzinpreise doch verhältnismäßig stark. Das bedeutet, das relative Gewicht des Gutes „Benzin" im Warenkorb der privaten Haushalte (d.h. hier: der **mengenmäßige** Anteil am Warenkorb) wurde im Durchschnitt geringer, — auch wenn die Geldausgaben für den gesunkenen Benzinverbrauch noch gestiegen waren. (Die Aussage, daß das relative Gewicht eines im Preis überproportional gestiegenen Gutes im Warenkorb gesunken ist, bedeutet ja nur, daß die Geldausgaben für dieses Gut nicht mehr so stark gestiegen sind wie der Preis für dieses Gut. Es wurden also bei gestiegenem Preis weniger **Mengen** dieses Gutes gekauft.) Die offizielle Inflationsberechnung ging aber — dem oben beschriebenen Berechnungsmuster folgend — von einem konstanten, d.h. gleichbleibenden relativen Gewicht des Gutes „Benzin" im Warenkorb des Durchschnittshaushalts aus. Dadurch wurde implizit angenommen, daß die Geldausgaben des Durchschnittshaushalts für das Gut „Benzin" genauso stark stiegen wie der Benzinpreis gestiegen war. Der Anstieg der Lebenshaltungskosten des Durchschnittshaushalts wurde dadurch höher ausgewiesen als er in Wirklichkeit war. Wenn Sie dies nun als typische Nichtberücksichtigung von durch Preissteigerungen ausgelösten Änderungen der Verbrauchergewohnheiten ansehen, die auch bei anderen Gütern wirksam wird — das heißt, auch bei vielen anderen Gütern ist da-

von auszugehen, daß die mengenmäßige Nachfrage der Haushalte nach ihnen sinken wird, wenn die Preise für diese Güter steigen, die Haushalte also auf billigere Substitutive oder Ersatzgüter umsteigen –, so werden Sie erkennen, daß die offiziellen Berechnungen die wirklichen Kaufkraftverluste bzw. die wirkliche Inflationsrate regelmäßig überschätzten.

3.2 Auftreten neuer und Verschwinden alter Güter

Eine zweite Fehlerquelle, die bei der offiziellen Berechnung des Lebenshaltungskostenindex auftritt, besteht darin, daß sich der Inhalt des Warenkorbs im Laufe der Zeit auch dadurch ändert, daß **neue Güter** auf dem Markt auftauchen und die Nachfrage der Haushalte auf sich ziehen, während manche andere Güter, die bei der statistischen Aufstellung des typischen Warenkorbs noch nachgefragt (und verbraucht) worden waren, gar nicht mehr angeboten werden. Der Taschenrechner-Boom in den siebziger Jahren ist dafür nur ein Beispiel. Sie werden bestimmt auch genug andere Beispiele finden.

3.3 Qualitätsänderungen von Gütern

Es ist auch nicht ausgeschlossen, daß die wirkliche Geldentwertung auch deswegen falsch angegeben wird, weil Qualitätsänderungen von Gütern im Warenkorb bei der offiziellen Berechnung der Inflationsrate unberücksichtigt bleiben. Es wird stattdessen in der Berechnungs-Praxis von gleichbleibenden Qualitäten der Verbrauchsgüter ausgegangen, wodurch eigentlich erst eine Preiserhöhung einer Geldentwertung oder einem Kaufkraftverlust gleichgesetzt werden kann. Unberücksichtigt gelassen werden dabei *die* Fälle, in denen die Preiserhöhungen mit einer Qualitätsverbesserung der Güter parallel laufen und nicht einen Kaufkraftverlust bedeuten.

Ein Beispiel wäre eine vielleicht politisch vorgeschriebene Verbesserung der Sicherheitssysteme oder die Verwendung besserer (langlebigerer bzw. nicht so rostanfälliger) Bleche in den Autos, die die Autos um einen gewissen Prozentsatz verteuern würden. Dies könnte dann nicht ohne weiteres als Kaufkraftverlust betrachtet werden. In der offiziellen Inflationsberechnung würde dies aber so erscheinen, da von zeitlich gleichbleibenden (homogenen) Verbrauchsgüter rechnerisch ausgegangen wird. Der umgekehrte Fall einer „Verschleißproduktion", d.h. einer Verminderung der Qualität vieler Güter, ist in der Praxis aber mindestens genauso wahrscheinlich oder alltäglich, wie Sie selbst an den Ge-

brauchsgegenständen Ihres Haushalts werden feststellen können.
Dies bedeutet selbst schon einen Kaufkraftverlust, der in der Inflationsberechnung nicht berücksichtigt wird. Das heißt, der Lebenshaltungskostenanstieg ist durch solche Verschleißproduktion (durch eine solche Qualitätsverminderung der Gebrauchsgüter) auf längere Zeit gesehen höher als er in der offiziellen Berechnung des Lebenshaltungskostenindex zum Ausdruck kommt. So steigt beispielsweise das relative Gewicht des Gutes (bzw. hier spezieller: der Dienstleistung) „Autoreparatur" bei einer Qualitätsverminderung der Autos über die Zeit hinweg im Warenkorb des Durchschnittshaushalts an.

3.4 Versuche, den Meßfehlern zu begegnen

Diese Meßprobleme und möglichen Meßfehler müssen in Betracht gezogen werden, wenn man von offiziellen Inflationsraten ausgehend auf eventuelle Wohlstandsverluste der Haushalte rückschließt. Das Statistische Bundesamt ist sich dieser Meßprobleme auch bewußt. Deswegen ermittelt es ja auch alle paar Jahre aufgrund der „Einkommens- und Verbrauchsstichproben" einen neuen, „aktuelleren" repräsentativen Warenkorb und stellt den Preisindex auf diesen um.

Dabei „verringerte" sich beispielsweise bei der letzten Umstellung des Preisindex (im November 1979) auf das Basisjahr 1976 die neu errechnete Inflationsrate für die Jahre 1976 und 1977 um jeweils 0,2%. Bei der nächsten Neuberechnung des Preisindex, die ab 1983 mit dem Basisjahr 1980 wirksam werden soll, wird man ähnliches feststellen gegenüber der augenblicklichen Berechnung für die Jahre 1979 bis 1982. Auch dann werden sich die heutigen Preisniveausteigerungen auf der Grundlage des neuen Warenkorbs als geringer herausstellen als sie heute noch aufgrund der Verwendung des alten Warenkorbs von 1976 erscheinen.

Sie werden vielleicht fragen: Wieso ermittelt das Statistische Bundesamt nicht laufend, beispielsweise jedes Jahr, den aktuellen Warenkorb und stellt den Lebenshaltungskostenindex dementsprechend um? Dadurch würde die zu hohe Einschätzung der Inflationsrate weitgehend vermieden. Man könnte vermuten, daß dies zu aufwendig und kostspielig für solch relativ geringe Überschätzungen wäre. Dies mag sicher auch mit ein Grund sein. Der Hauptgrund ist jedoch der, daß die so jedes Jahr neu (auf der Grundlage eines neuen „Mengengerüsts") berechneten Inflationsraten gar nicht mehr miteinander vergleichbar wären. Die Berechnungsbasis wäre ja immer wieder eine andere. Dies berücksichtigend hat das Statistische Bundesamt einen Mittelweg zwischen beiden nicht vermeidbaren Meß- oder Vergleichsfehlern eingeschlagen und stellt den Preisindex im Augenblick alle vier Jahre auf neu ermittelte repräsentative Warenkörbe um.

Zudem besagt natürlich die offizielle Inflationsrate für den einzelnen Haushalt nicht viel. Es würde mich nicht wundern, wenn mancher von Ihnen schon die in den Nachrichten gemeldeten Inflationsraten argwöhnisch in Zweifel gezogen hätte angesichts der Preissteigerungen, die er in seinem eigenen „Warenkorb" wahrgenommen hat. Die offizielle Inflationsrate ist, wie oben schon betont worden ist, nur ein **Durchschnittswert**. Statistische Experimente in den letzten Jahren mit Inflationsberechnungen für weniger „aggregierte", d.h. vor allem kleinere, spezifischere Haushaltstypen legen auch die Vermutung nahe, daß die Preisindizes und damit die Inflationsraten zwischen den einzelnen Haushalten enorm schwanken. Dies bedeutet aber auch, daß eventuelle inflationsbedingte Wohlstandsverluste, auf die wir im 3. Kapitel zu sprechen kommen werden, die einzelnen Haushalte sehr unterschiedlich betreffen.

4. Spezifische Inflations(ab)arten

Der Begriff „Inflation" wird in den Medien und in der Fachliteratur oft mit beschmückenden Adjektiven wie „schleichend", „trabend", „galoppierend", oder „zurückgestaut", „versteckt" oder „relativ" versehen. Solche Beiwerke gewinnen nicht selten ideologisch-politischen Charakter bzw. werden in parteipolitischen Auseinandersetzungen verwendet, und sind von daher mit Vorsicht zu genießen. Das Hauptproblem ist, daß sie nicht genau operationalisierbar oder konkret an der Empirie festmachbar sind. Wegen der großen Bedeutung dieser „Beischmuck-Inflationen" in der öffentlichen Meinungsbildung möchte ich kurz die wichtigsten erläutern. Im anschließenden Abschnitt „Geschichtliche Erfahrungen" werde ich einige dieser Begriffe an den historischen Erfahrungen ein wenig plausibler machen.

a) Schleichende, trabende, galoppierende und Hyper-Inflation

Relativ häufig werden die Beiwerke „schleichend", „trabend", „galoppierend" und „Hyper" verwendet, um das Ausmaß oder die Zunahme von Inflation zu kennzeichnen.

Schleichende Inflation bedeutet einen Prozeß ungefähr gleichbleibender oder nur geringfügig zunehmender niedriger Preisniveausteigerungen (bis ungefähr 5%). Bei stärkerem Anstieg der Inflationsrate redet man dann erst von trabender und dann von galoppierender Inflation. Genaue Abgrenzungen sind so gut wie nicht ausmachbar.

Schließlich bezeichnet man als Hyperinflation herkömmlicherweise eine schon extrem hohe Inflation. (Manchmal wird behelfsweise eine Mindestinflationsrate von 50% *im Monat* unterstellt.)

b) Zurückgestaute Inflation

Von einer zurückgestauten Inflation spricht man dann, wenn durch administrative Maßnahmen (staatliche Kontrollen) der Preisindex bzw. die Güterpreise am Steigen gehindert werden. Als (nachträgliches) Indiz für eine zurückgestaute Inflation kann es angesehen werden, wenn nach Aufhebung der staatlichen Preiskontrollen der Preisindex — aufgrund eines sogenannten „Nachholbedarfs" — sprunghaft ansteigt. Doch auch hier ist eine genaue Operationalisierbarkeit nicht möglich: man weiß ja nicht, wie hoch die Preissteigerungen wirklich gewesen wären, wenn die staatlichen Kontrollen nicht durchgeführt worden wären. Ein Anstieg des Preisindex nach Aufhebung dieser Kontrollen gibt diese nicht offen zutage getretene Geldentwertung nur unvollständig an.

c) Versteckte Inflation

Als versteckte Inflation bezeichnet man manchmal die die Käufer treffende Teuerung, die durch *Qualitätsverschlechterungen* nicht nur des Kaufprodukts, des verwendeten Materials und der Verarbeitung, sondern auch anderer Kaufbedingungen in Form beispielsweise eingeschränkter Rabattgewährung, verminderten (bzw. schlechteren) Kundendienstes oder ungünstigerer Zahlungsbedingungen auftritt und im Preisindex nicht erfaßt wird. Allerdings ist auch dies, wie Sie bestimmt zugestehen werden, ein ziemlich vager und — durch einfache (falsche) Behauptung — leicht ideologisch mißbrauchbarer Begriff.

d) Relative Inflation

Noch schwieriger zu fassen ist der Begriff der relativen Inflation. Er besagt in der Regel — es gibt verschiedene Begriffsverwendungen —, daß sich die Einkommenssituation oder -position einer bzw. bestimmter Gesellschaftsgruppen verschlechtert hat. Der Preisindex kann dabei ohne weiteres konstant bleiben. Es dreht sich hier nur um eine (auf die Inflation zurückgeführte) Verschiebung der Einkommens- oder Verteilungshierarchie.

Eine solch weite Verwendung des Inflationsbegriffs führt diesen letztlich ad absurdum. Man kann auf diese Art so viele Quasi-Inflationsbegriffe erfinden, wie es einem beliebt, ohne daß der eine noch etwas mit dem anderen zu tun hat.

Andererseits sind solche speziellen „Inflations"-Begriffe typisch für den häufigen Versuch, Inflation von ihren (vermuteten) Folgen oder — wie etwa die Begriffe „Nachfrage-" oder „Kosteninflation" zeigen — von ihren (angenommenen) Ursachen her zu definieren.

Mir erscheint allerdings, daß solch weite Inflationsbegriffe mehr zur Unklarheit als zur Klarstellung des Phänomens „Inflation" beitragen.

5. Geschichtliche Erfahrungen

5.1 Inflation — nichts Neues

Geldentwertung ist nichts Neues. Dies gab es auch im Altertum und im vor allem späten Mittelalter immer wieder. Der Auslöseprozeß war immer derselbe: durch übermäßige Ausdehnung der in Edelmetalleinheiten (Münzen) lautenden Zahlungsmittel wurde deren Wert gesenkt. Dies geschah manchmal „ungeplant" — ausgelöst beispielsweise durch unerhoffte Gold- oder Silberfunde —, meist aber waren geplante Bereicherungsversuche der Herrschenden der Hindergrund. So wurden durch Eroberungs- und Raubzüge oft große Mengen an Gold und Silber erbeutet (wie beispielsweise durch Alexander den Großen im Krieg gegen die Perser oder etwa durch die Spanier und Portugiesen bei der „Entdeckung" Amerikas). Zum anderen war es vielgeübte Praxis der Fürsten, Könige und Kaiser, den „Wert" der Edelmetallmünzen durch Beimischung unedler Metalle oder durch unmerkliche Verkleinerung der Münzen zu verringern. Der Gesamtbestand der umlaufenden Münzen konnte so beträchtlich erhöht werden. Schon die römischen Soldatenkaiser im 3. Jahrhundert griffen ausgiebig zu diesem Trick. Und der Zusammenbruch des spanischen Währungssystems im 17. Jahrhundert beruhte ebenso wie die Münzkatastrophe in Deutschland während des Dreißigjährigen Krieges auf dieser Münzverschlechterung. Durch diese Praxis war es auch den Herrschenden oft erst möglich, ihre teuren Kriege zu finanzieren.

In der Neuzeit lief dieser Prozeß mit der zunehmenden Verwendung von Papiergeld noch einfacher. Der Staat konnte sich — wie beispielsweise nach der Französischen Revolution und während des amerikanischen Bürgerkriegs — durch ein „Anheizen" der Papiergeldpressen ungehindert finanzieren. Die Folge war, daß der Wert der Zahlungsmittel auf einen Bruchteil dessen fiel, was die Zahlungsmittel vorher wert waren.

Auch im 20. Jahrhundert wurde diese Art der Staatsfinanzierung in erster Linie in Zusammenhang mit Kriegen oder Kriegsfolgen praktiziert. Beispiele dafür sind die Kriegs- und Nachkriegsfinanzierungen Deutschlands im und nach dem Ersten und Zweiten Weltkrieg.

5.2 Die Hyperinflation in Deutschland nach dem 1. Weltkrieg

Die heute noch relativ große „Inflationssensibilität" — man spricht manchmal auch vom „Inflationstrauma" — der Deutschen im Vergleich zu ihren Nachbarn in anderen Ländern geht vor allem zurück auf die von der älteren Generation selbst noch miterlebten oder durch Erzählungen von älteren Verwandten überlieferten Ereignisse in den Jahren 1922 und 1923. Der Staat machte sich damals, wie es heute verstanden wird, durch seine Geldschaffungspolitik mitschuldig an der Verarmung eines großen Teils der Bevölkerung zugunsten einer kleinen, wirtschaftlich und politisch mächtigen Gruppe. Dem Erbe, das sich in einer besonderen Empfindlichkeit der Deutschen gegen Inflation und Staatsverschuldung zeigt, muß der deutsche Staat auch heute noch Rechnung tragen.

Was war damals geschehen? Schon die Kriegsführung im Ersten Weltkrieg wurde — wie so oft — aus politischen Gründen nicht durch eine höhere Besteuerung der Bürger finanziert, sondern durch eine starke Ausdehnung der Geldmenge. Dies führt, wie im nächsten Kapitel näher erläutert werden wird, der Tendenz nach zu einer Überschußnachfrage nach Waren und Dienstleistungen und dadurch zu Preis(niveau)steigerungen. Allerdings waren die Preisniveausteigerungen während der Kriegsjahre noch relativ gering im Vergleich zur Folgezeit. Erst mit dem militärischen Zusammenbruch, den daraus entstandenen Reparationsforderungen der Siegermächte bei gleichzeitig wachsendem Importbedarf vor allem an Nahrungsmitteln und Rohstoffen sah sich die Reichsregierung gezwungen, dem inflationären Prozeß freien Lauf zu lassen, d.h. die Geldmenge immer mehr aufzublähen und die eigenen Defizite zu vergrößern. (Es gibt übrigens nicht wenige Wirtschafts- und Sozialhistoriker, die dies als die einzige Möglichkeit ansehen, die die Reichsregierung bei der damaligen wirtschaftlichen und politischen Konstellation gehabt hat, wollte sie nicht die Arbeitslosigkeit so extrem steigen lassen wie später in der berüchtigten Weltwirtschaftskrise nach 1929.) So stieg der Preisindex für die Lebenshaltung mit dem Basisjahr 1913 = 1 bis Anfang 1920 auf

Tab. 2: Entwicklung wichtiger Kennziffern im Deutschen Reich 1922/23

	Preisindex für die Lebenshaltung $1913 = 1$	Index d. Importpreise $1913 = 1$	Index d. Großhandelspreise $1913 = 1$	Preis d. US-Dollars (RM)	Index d. Lohnsätze $1913 = 1$	Notenumlauf (Mio. RM)
Juli 1922	53,9	93	100	493	41	203 246
Aug.	77,6	165,4	192	1 135	55,4	252 858
Sept.	133,2	258,2	287	1 466	106,5	332 562
Okt.	220,7	498,5	566	3 181	133,8	484 685
Nov.	446,1	953	1 154	7 183	261,8	769 500
Dez.	685,1	1 283	1 475	7 589	452,3	$1,295 \cdot 10^6$
Jan. 1923	1 120	2 390	2 785	17 972	695,7	$2,015 \cdot 10^6$
Febr.	2 643	4 942	5 585	27 918	2 115	$3,553 \cdot 10^6$
März	2 854	4 503	4 888	21 190	2 430	$5,559 \cdot 10^6$
April	2 954	4 761	5 212	24 457	3	$6,617 \cdot 10^6$
Mai	3 816	7 084	8 170	47 670	3 066,8	$8,653 \cdot 10^6$
Juni	7 650	17 029	19 385	$110 \cdot 10^3$	7 640	$17,4 \cdot 10^6$
Juli	37 651	69 695	74 787	$353,4 \cdot 10^3$	27 621	$43,9 \cdot 10^6$
Aug.	$586 \cdot 10^3$	867 771	$944 \cdot 10^3$	$4 620 \cdot 10^3$	844 187	$692 \cdot 10^6$
Sept.	$15,2 \cdot 10^6$	$22,3 \cdot 10^6$	$23 \cdot 10^6$	$98,86 \cdot 10^6$	$22,1 \cdot 10^6$	$29 \cdot 10^9$
Okt.	$3,66 \cdot 10^9$	$6,6 \cdot 10^9$	$7,084 \cdot 10^9$	$25,26 \cdot 10^9$	$10,9 \cdot 10^9$	$3,045 \cdot 10^{12}$
Nov.	$657 \cdot 10^9$	$704 \cdot 10^9$	$725 \cdot 10^9$	$2,194 \cdot 10^{12}$	$493,8 \cdot 10^9$	$519 \cdot 10^{12}$
Dez. 1923	$1 247 \cdot 10^9$	$1 603 \cdot 10^9$	$1 261 \cdot 10^9$	$4,2 \cdot 10^{12}$	$862 \cdot 10^9$	$608 \cdot 10^{12}$

Quelle: Handwörterbuch der Wirtschaftswissenschaft (HdWW), Band 4, Stuttgart 1978, S. 161

den Wert 8,5. Unterbrochen von einer kurzen Stabilisierungsphase in der Mitte des Jahres 1920 erhöhte sich der Preisindex weiter auf das Niveau von 53,9 im Juli 1922. Von da ab entwickelte sich der Inflationsprozeß dramatisch, wie Sie aus Tabelle 2 ersehen können.

Aus der Entwicklung des Preises für den US-Dollar (in der Tabelle 2) sehen Sie, daß der Inflationsprozeß im Inland mit einer permanenten Abwertung der Mark einherging, was seinerseits wieder die Importkosten (siehe auch die Tabelle 2) erhöhte und damit den Inflationsprozeß immer mehr steigerte.

Erst die **Währungsreform** im November 1923 bremste den Inflationsprozeß und löste mit neuem Geld, der sogenannten „Rentenmark", einer Zwischenwährung, das alte, wertlos gewordene Geld ab. 1924 wurde dann die Rentenmark durch die neue Reichsmark ersetzt.

Die **Folgen der Hyperinflation** auf die einzelnen gesellschaftlichen Gruppen waren unterschiedlich: während die Grund- und Produktionsmittelbesitzer, die Hauseigentümer ebenso wie der Staat fast vollkommen entschuldet wurden, waren die Besitzer von nominellen, d.h. auf Geldbeträge lautenden Forderungen (also die Mehrheit der Sparer) die eigentlichen Verlierer. Deswegen spricht man auch oft von einer fast vollständigen Enteignung des Mittelstandes als Folge dieser Hyperinflation. Daneben haben aber auch die Arbeitnehmer, wie Sie aus der Tabelle 2 bei einem Vergleich der Indizes für die Lebenshaltung und der Lohnsätze ersehen, Reallohnverluste erlitten. Auch die Banken und Kreditinstitute mußten beträchtliche Verluste einstecken — im Gegensatz zu den Industrieunternehmen, die die großen Gewinner dieser Inflation waren.

5.3 Die sogenannte „zurückgestaute Inflation" im 2. Weltkrieg

Im Anschluß und als Lehre der Währungsreform von 1923 waren die Weichen der Wirtschaftspolitik in Deutschland (aber nicht nur da) auf Inflationsvermeidung gestellt — mit der Begleiterscheinung einer steigenden Arbeitslosigkeit ab 1928, die 33,9% im Februar 1932 erreichte. Diese Politik und die daraus entstandene Arbeitslosigkeit waren nicht zuletzt die Grundlage für den Wahlsieg der Nationalsozialisten in Deutschland 1933.

Die Preisentwicklung war während dieser Zeit von 1930—1933 sogar stark rückläufig. So fiel beispielsweise der Lebenshaltungskostenindex von 153,8 im Jahre 1929
                                auf 135,9 im Jahre 1931
                                und 118,5 im Jahre 1933.

Auch die Finanzierung der militärischen Aufrüstung und des 2. Weltkriegs durch die nationalsozialistische Regierung führte im und nach dem Krieg nicht zu einer offenen (Hyper-)Inflation wie nach dem 1. Weltkrieg, da dies durch administrativ-politische Maßnahmen (Preisstopps, Festsetzung von Maximallöhnen, Rationierungen) verhindert wurde. Man spricht deshalb davon, daß eine bei Nichtergreifen dieser administrativen Maßnahmen entstandene Inflationsbeschleunigung politisch „zurückgestaut" worden sei.

Zur Stabilisierung dieses Prozesses wurde 1948 — ähnlich wie 1923 — eine Währungsreform durchgeführt, mit der neues Geld (die heutige „Deutsche Mark" anstelle der „Reichsmark") eingeführt wurde. Die alten Geldguthaben wurden durch eine Abwertung im Verhältnis 10 zu 1 wertmäßig stark reduziert.

5.4 Die Preisentwicklung seit der Währungsreform 1948

In den fünfziger Jahren stieg das Preisniveau (der Preisindex für die Lebenshaltung) — mit Ausnahme einer kurzen Zeit während des Koreakrieges — dauernd relativ geringfügig (mit einer jährlichen Durchschnittsrate von 1,9%), so daß es Viele heute sogar ablehnen, für diese Zeit von Inflation zu sprechen.

Aber auch in den sechziger Jahren erhöhte sich die Inflationsrate im jährlichen Durchschnitt nur um geringfügig (0,6 Prozentpunkte) mehr, nämlich um 2,5%.

Beides fällt noch eindeutig unter den Begriff der „schleichenden Inflation". Dagegen erhöhte sich die Inflationsrate in der ersten Hälfte der siebziger Jahre relativ stärker. Sie stieg im Jahre 1974 auf den höchsten Stand nach 1952, nämlich um 7%. Relativ zu den damaligen Inflationsraten in Japan oder Großbritannien war dies allerdings noch sehr gering. (Vergleichen Sie dazu die Tabelle 4!) Auf die besonders inflationssensiblen Deutschen wirkte dies allerdings augenscheinlich mindestens genauso stark wie die wesentlich höheren Raten auf die Japaner und Engländer.

Von 1975–1978 verringerte sich die Inflationsrate wieder bis auf 2,7%, währenddessen sie danach von 1979–1981 wieder anstieg (1980 auf 5,5%, 1981 auf 5,9%) (siehe Abb. 1 und Tab.3).

Sie stellen sich jetzt bestimmt die wichtige Frage, wieso die Inflationsrate in den fünfziger und sechziger Jahren so gering war und in den siebziger Jahren so stark zugenommen hat. Ich muß gestehen, ich zögere mit der Antwort noch etwas, da ich nicht weiß, ob es sinnvoll ist, schon jetzt die Ursachen dafür zu diskutieren, bevor in diesem Buch allgemein die Inflationsmechanismen

Abb. 1: Die Veränderungsraten des Preisindex für die Lebenshaltung[1]) in der Bundesrepublik Deutschland 1949–1981 (graphische Darstellung)

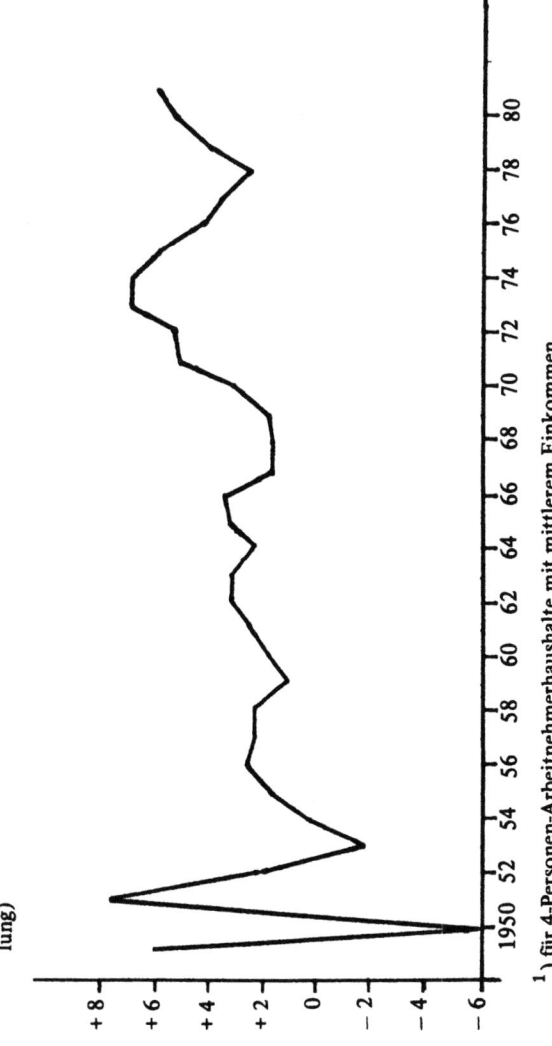

[1]) für 4-Personen-Arbeitnehmerhaushalte mit mittlerem Einkommen

Quelle: Statistisches Jahrbuch für die Bundesrepublik Deutschland 1981, hrsg. vom Statistischen Bundesamt, Wiesbaden, S. 508; eigene Berechnungen

Tab. 3: Entwicklung des Preisindex für die Lebenshaltung in der Bundesrepublik Deutschland 1963–1981

	Jahreswerte in %	1976 = 100
1962		58,1
1963	2,9	59,8
1964	2,3	61,2
1965	3,3	63,2
1966	3,5	65,4
1967	1,7	66,5
1968	1,7	67,6
1969	1,9	68,9
1970	3,3	71,2
1971	5,2	74,9
1972	5,6	79,1
1973	7,0	84,6
1974	7,0	90,5
1975	6,0	95,9
1976	4,3	100,0
1977	3,7	103,7
1978	2,7	106,5
1979	4,1	110,9
1980	5,5	117,0
1981	5,9	. . . .

Quelle: Monatsberichte der Deutschen Bundesbank (laufend)

Tab. 4: Die Veränderungsraten des Preisindex für die Lebenshaltung in verschiedenen Industrieländern seit 1969

	Bundes-republik	Vereinigte Staaten	Großbri-tannien	Japan	Frankreich	Italien
1968	1,7	4,1	4,7	5,4	4,6	1,4
1970	3,3	5,9	6,4	7,8	5,3	5,0
1972	5,6	3,3	6,8	4,9	5,9	5,6
1974	7,0	11,0	15,9	24,5	13,7	19,1
1976	4,3	5,8	16,5	9,3	9,6	16,8
1978	2,7	7,7	8,3	3,8	9,1	12,1
1980	5,5	13,5	18,0	8,0	13,6	21,2

Quellen: Monatsberichte der Deutschen Bundesbank (laufend); Jahresgutachten des Sachverständigenrates (laufend)

und -ursachen erläutert worden sind. Ich ziehe es vor, Sie noch schmoren zu lassen, und am Ende des nächsten Kapitels nach der Diskussion der einzelnen Inflationsmechanismen und -ursachen die Frage erneut aufzugreifen.

Um Ihren Wissensdurst zumindest notdürftig zu stillen oder vielleicht auch erst zu wecken: die Preispolitik der OPEC-Staaten und der Öl-Multis in den 70er Jahren spielt sicherlich mit eine gewichtige Rolle, ist aber letztlich nicht die Ursache für den relativ stärkeren Anstieg der Inflationsrate in den 70er Jahren. Auch die Argumentation mit den „zu hohen Ansprüchen" der Bürger trifft die Sache nur halb . . .

II. Inflationsmechanismen und -ursachen

In diesem Kapitel werde ich anknüpfen an gebräuchliche Begriffe und Konzepte der Inflationsdiskussion, die Sie vielleicht schon aus Zeitungen, Rundfunk oder Fernsehen kennen, wie
— Nachfrageinflation,
— Angebots- oder Anbieterinflation,
— importierte Inflation,
— Geldmengeninflation.
Ich werde versuchen, Ihnen auf verständliche Art zu erläutern, was diese Begriffe bedeuten und was für Sichtweisen bzw. Annahmen hinter den jeweiligen Ursachenerklärungen für Inflation stecken.

Dabei wird offenkundig werden, daß diese spezifischen Inflationsmechanismen ihre Bezeichnungen im wesentlichen durch die verschiedenen möglichen **Anstöße** (Impulse) zu Preisniveausteigerungen erhalten haben. Auch wird ersichtlich werden, daß es einer dieser Inflationserklärungen allein nicht gelingen kann, konkrete Inflationen in unserer Gegenwart vollständig zu erklären. Es handelt sich nämlich jeweils nur um **typische Auslösemechanismen** von Inflation, die in bestimmten wirtschaftlichen oder konjunkturellen Situationen auftreten können. Eine einseitige oder alleinige Herausstellung *eines* Mechanismus nützt daher bei einer Inflationserklärung nicht und würde nur die wirklichen, in der Regel komplexeren Zusammenhänge verschleiern. Doch werden wir darauf zurückkommen.

Ich möchte noch auf einen zweiten Punkt hinweisen: Inflation ist ja am Anfang des 1. Kapitels als „Prozeß andauernder Preisniveausteigerungen" definiert worden. Deshalb müssen wir uns — neben der Frage des Auslösemechanismus von Inflation — auch ein wenig näher damit auseinandersetzen, was denn bewirken kann, daß die Preisniveausteigerungen so lange *andauern* können. Konkret gesagt muß klar werden, wieso beispielsweise eine ursprünglich als Nachfrageinflation ausgemachte Preissteigerungswelle immer weitergeht, obwohl ihr Auslösefaktor (eine „zu hohe" Nachfrage) gar nicht mehr gegeben ist. Hier werden wir uns vor allem mit der Frage des *Zusammenwirkens* verschiedener Inflationsmechanismen beschäftigen müssen. Wir werden dabei auch zu der in der letzten Zeit in der Öffentlichkeit geführten und auch von politischen Stellen aufgegriffenen Diskussion über „zu hohe

Ansprüche" von uns sogenannten „Wohlstandsbürgern" (oder
Konsumenten) und auch zum Thema „Verteilungskampf" etwas
sagen müssen. Dies wird im zweiten Teil dieses Kapitels geschehen.
Doch beginnen wir mit den schon eingebürgerten Bezeichnungen von Inflationsmechanismen und ihrer Erklärung.

1. Herkömmliche Inflationserklärungen

1.1 Nachfrageinflation

Wenn man irgendeine Art von Inflation überhaupt mit Wohlwollen betrachten kann, dann am ehesten noch eine sogenannte
„Nachfrageinflation". Mit ihr bezeichnet man nämlich üblicherweise allgemeine Preissteigerungen, die als notwendige Nebenerscheinung einer „florierenden Wirtschaft" mit Vollbeschäftigung
auftreten. Nachfrageinflation ist nämlich gekennzeichnet durch
eine Situation des Nachfrageüberhangs nach Gütern. Man kann
sich das so vorstellen:
Eine Wirtschaft läuft auf Hochtouren; alle Arbeitskräfte sind beschäftigt, d.h. es sind keine freien Kapazitäten am Arbeitsmarkt
vorhanden; und doch gelingt es nicht, mit dem in einer so vollausgelasteten Wirtschaft hergestellten Güterangebot alle Kaufwünsche zu befriedigen. Die einzelnen auf dem Markt als Käufer auftretenden Gruppen (Konsumenten, Staat, das Ausland und die
Unternehmer) fragen insgesamt mehr Güter nach, als die heimische Wirtschaft bei Vollauslastung ihrer Kapazitäten produzieren
kann. Eine solche Konjunktursituation bezeichnet man in der
Wirtschaft auch als *Boomsituation* oder „Überhitzungsphase".
Was passiert in einem solchen Fall?
Nun, wenn die Preise flexibel sind (d.h. nicht durch staatliche
Restriktionsmaßnahmen am Steigen gehindert werden), wird ein
solcher Nachfrageüberhang am Gütermarkt die Marktkräfte in
Gang setzen, die immer in Richtung auf einen Ausgleich zwischen
Angebot und Nachfrage wirken. Wie kommt nun solch ein Ausgleich zwischen Angebot und Nachfrage zustande? In unserer beschriebenen Situation ist das Angebot zumindest kurzfristig nicht
steigerbar. Mittel- und langfristig ist das Angebot wohl steigerbar
und zwar durch „technischen Fortschritt", d.h. vor allem durch
Rationalisierung, den Einsatz produktiverer Maschinen etc. So
lange wird man jedoch nicht warten können. Die Kaufwünsche
sind ja in der Regel kurzfristiger Art. Es muß also schon vorher
geklärt werden, wer die eigentlich „zu wenigen" Güter bekommen soll. Und dies wird eben ziemlich glatt durch den *Marktmechanismus* geregelt.

Der Marktmechanismus wirkt über bzw. durch Änderungen der
(Markt-)Preise. Bei einer Überschußnachfrage nach Gütern gleicht
der Marktmechanismus Angebot und Nachfrage durch *Preiserhöhungen* wieder aus. Diese Preiserhöhungen reduzieren die (zu dem
vorherigen, niedrigeren Preis) vorhandenen Kaufwünsche auf das
vorhandene, kurzfristig nicht steigerbare Angebot an Gütern.
Wenn die Preise steigen, kann sich nämlich ein Teil der ursprünglichen Nachfrager (Kaufwilligen) die Güter, die sie kaufen wollten,
nicht mehr leisten. Denken Sie beispielsweise nur an die vielen
Leute, die sich in den letzten Jahren ein Haus bauen wollten, aber
angesichts der steigenden Bau- und vor allem Grundstückspreise
ihren Kauf- oder Bauwunsch aufgeben mußten. (Damit ist aber
noch nicht gesagt, daß die Preissteigerungen auf dem Baumarkt
in den letzten Jahren ein reiner Ausfluß eines Nachfrageüberhangs
gewesen wären. Man muß gleichzeitig auch die Preissetzungsmacht der Bauunternehmen, die Lohnsetzungsmacht der Gewerkschaften, wie auch die Spekulationstätigkeit der Grundstücksbesitzer sehen, was im nächsten Kapitelabschnitt unser Thema sein
wird.)
Auf jeden Fall kann man festhalten, daß über Preissteigerungen
die Nachfrage(menge) reduziert wird. Der Marktmechanismus,
den man angesichts seiner Ausgleichswirkung von Angebot und
Nachfrage über Preisänderungen auch *„Preismechanismus"* nennt,
produziert im Falle eines Nachfrageüberhangs notwendigerweise
Preissteigerungen. Wenn nun der Nachfrageüberhang gesamtwirtschaftlich bestand (d.h. alle Nachfragewünsche zusammengezählt
sind größer als das von der gesamten Wirtschaft zur Verfügung gestellte Angebot an Gütern), so leitet man davon ab, daß dann
auch der gesamtwirtschaftlich durchschnittliche Preis, **das Preisniveau**, steigt.
Im Prinzip würde durch den Anstieg des Preisniveaus der Nachfrageüberhang abgebaut, so daß der Preisniveauanstieg nicht andauern könnte, also auch gar keine *Inflation* darstellen bräuchte.
Die realen Zusammenhänge sind allerdings ein wenig komplizierter. Man kann sich Situationen vorstellen, wo solche nachfragebedingten Preisniveausteigerungen auch über längere Zeit andauern, also eine **Nachfrageinflation** im strengen Sinne vorherrscht. Betrachten wir einmal folgenden Situationsablauf:
Das Preisniveau ist als Reaktion auf die Überschußnachfrage nach
Gütern gestiegen. Als erstes ist damit einmal, wie man sagt, „Kaufkraft abgeschöpft" worden. Die Nachfragemöglichkeiten der privaten Haushalte sind damit erstmal reduziert. Was bedeuten die
Preissteigerungen aber für die Unternehmer? Für die Unternehmer

(im Durchschnitt; konkret: für alle Unternehmer, deren Produkte im Preis gestiegen sind) heißt dies in erster Linie, daß damit auch ihre Gewinne gestiegen sind. Gewinn ist ja gleich Einnahmen aus dem Verkauf der Produkte minus Kosten. Die Einnahmen sind gestiegen, da die Preise für die Produkte zugenommen haben. Dagegen sind zumindest die Lohnkosten gleich geblieben. Also sind für den Großteil der Unternehmer die Gewinne gestiegen. Dies führt aber bei einer florierenden Wirtschaft zu erneuten Nachfragesteigerungen der Unternehmer — und zwar nach Investitionsgütern und Arbeitskräften. Nun werden die Löhne nach einer gewissen zeitlichen Verzögerung entweder auf gewerkschaftlichen Druck hin oder als Reaktion auf die Übernachfrage nach Arbeitskräften nachziehen, d.h. den durch Preissteigerungen eingetretenen Kaufkraftverlust durch Lohnerhöhungen auffangen. Dies bedeutet aber, daß auch die Nachfrage nach Konsumgütern wieder zunimmt, während die durch die vorhergehenden Preiserhöhungen erzielten Gewinne der Unternehmer erstmal abgebaut sind. Die Einkommen der Haushalte steigen ja durch die Lohnerhöhungen. Dadurch wird die durch die ursprüngliche Preisniveauerhöhung abgebaute Übernachfrage nach (Konsum-)Gütern wieder aufgebaut. Diese Ab-und-auf-Bewegung einer Übernachfrage kann sich zumindest theoretisch immer wieder wiederholen. Begleitet ist diese Auf-und-ab-Bewegung von dauernd neuen Preisniveauerhöhungen: die erneute Übernachfrage nach Gütern erhöht wieder das Preisniveau, was kurzfristig die Nachfrage (zumindest die Konsumnachfrage) senkt; aber die jeweilige gewerkschaftlich durchgesetzte Lohnanpassung — die im übrigen (worauf wir noch näher zu sprechen kommen werden) einer Verteidigung der Verteilungsposition der Arbeiter am volkswirtschaftlichen Gesamteinkommen entspricht, da sonst ohne diese Lohnanpassung die Verteilung sich zugunsten der Unternehmer, deren Gewinne ja durch die Preisniveauerhöhung gestiegen sind, verschieben würde — erhöht wieder das Einkommen der privaten Haushalte und damit deren kaufkräftige Nachfrage; damit ist wieder eine neue Übernachfragesituation gegeben, neue Preisniveausteigerungen usw.

In der **Realität** läuft dieser Prozeß nur über eine begrenzte Dauer so und wird dann entweder durch Einbrüche der Exportnachfrage (d.h. der Nachfrage des Auslands nach inländischen Gütern) gebremst. Oder er wird gestoppt durch das staatliche Abdrehen des „Geldhahns". Die Überschußnachfrage kann ja, wie wir im 4. Kapitel noch sehen werden, durch eine restriktive Handhabung der Geldversorgung durch die Notenbank gekappt werden.

Zudem wird man auf mittlere und längere Sicht auch nicht von einem (nur) gleichbleibenden Angebot an Gütern ausgehen können. Wie schon kurz angesprochen, wird über Rationalisierung („technischen Fortschritt") auch bei Vollbeschäftigung das Angebot an Gütern erhöht werden können. Das bedeutet zumindest, daß der Prozeß nicht so einfach abläuft.

Auf jeden Fall wird eine Inflation in der Realität nur über eine sehr begrenzte Zeit als Nachfrageinflation ablaufen. Und — das ist wichtig sich zu merken — sie kann längerfristig nur dann als Nachfrageinflation existieren, wenn die Wirtschaft auf Hochtouren läuft, d.h. ausgelastet ist und Vollbeschäftigung erzeugt hat.

Nachfrageinflation ist also eine Schönwetterinflation, und kann deshalb als Erklärungsansatz für Inflation nur in konjunkturellen Schönwetterphasen herangezogen werden. (Eine Erläuterung muß hier gemacht werden. Auch nach Katastrophen wie Mißernten usw. kann eine Versorgungsknappheit mit Gütern auftreten, die dann ähnlich wie oben beschrieben zu Übernachfrage und Preisniveausteigerungen führt. Also ist nicht gesagt, daß Übernachfrage und Vollbeschäftigung immer mit Jubeljahren gleichgesetzt werden kann. „Konjunkturelle Schönwetterphase" heißt hier nur Auslastung aller volkswirtschaftlichen Ressourcen, keine Verschwendung oder kein Brachliegen von Ressourcen, — unabhängig vom allgemeinen Wohlstands- oder Armutsniveau einer Gesellschaft.)

1.2 Angebotsinflation

Ich kann mir vorstellen, daß manchem von Ihnen die Unterstellung einer florierenden, vollbeschäftigten, d.h. ohne Arbeitslosigkeit produzierenden Wirtschaft wie die Schilderung von einem fremden Stern vorkommen mag. Wenn man sich die wirtschaftliche Situation in den letzten Jahren in den meisten Ländern ansieht, kann man wirklich zu diesem Eindruck gelangen. Die Arbeitslosigkeit nimmt der Tendenz nach immer mehr zu; die hohen Wachstumsraten der Nachkriegszeit sind weitgehend dahin. Und *trotzdem* schlagen wir uns immer noch mit dem Problem der Inflation herum, wobei die Mehrzahl auch der Industrieländer schon lange zweistellige Inflationsraten hinnehmen muß. Zur Erklärung dieser inzwischen schon bald alltäglichen Inflation kann das eben beschriebene Muster der Nachfrageinflation nicht herangezogen werden.

Was für Erklärungsmuster bieten sich denn dann an?

In den 50er Jahren trat zum erstenmal in den USA das durch die Nachfrageinflation, ja überhaupt durch die marktwirtschaftliche Theorie damals nicht erklärbare Phänomen einer stagnierenden Wirtschaft mit längerfristig unausgelasteten Kapazitäten und gleichzeitiger Inflation auf. Dieses Phänomen der sogenannten **Stagflation** (wortschöpferisch zusammengesetzt aus *Stag*nation und In*flation*) verlangte nach einer neuen Erklärung. Und man schien sie nach einer gewissen Zeit gefunden zu haben in dem, was man **Angebots- oder Anbieterinflation** nannte. Dahinter steckte der Gedanke bzw. die Einsicht, daß die marktwirtschaftliche Grundannahme, die am Wirtschaftsgeschehen Beteiligten befänden sich völlig ohne autonomen, direkten Einfluß auf den Preisbildungsprozeß in vollständiger Konkurrenz zueinander, sie besässen auch keine Marktmacht und seien der „gerechten" Entscheidung des Markt- oder Preismechanismus unterworfen, doch wohl nicht ganz der Realität entspricht. Stattdessen müßte man eher davon ausgehen, daß die Wirtschaftssubjekte, insbesondere die, die etwas für den Produktions- oder Güterversorgungsprozeß Wichtiges anzubieten hätten, durch Zusammenschluß oder Absprachen den Preisbildungsprozeß in der Wirtschaft aktiv mit beeinflussen könnten und auch würden.

Wie kann man sich das vorstellen? Oder erst einmal die Frage: Wer sind denn diejenigen, die etwas Wichtiges anzubieten haben? Nun, das sind − knapp gesagt − einmal die **Faktorbesitzer** und zum anderen die **Güterproduzenten.**

Faktorbesitzer sind diejenigen, die unerläßliche Produktionsfaktoren besitzen, d.h. ohne die die Wirtschaftsproduktion nicht läuft. Einmal fallen darunter die Arbeiter oder Arbeitnehmer, die ihre Arbeitskraft anbieten, zweitens die Rohstoffbesitzer, drittens die Grundbesitzer, viertens die Kapitalbesitzer und fünftens − nicht zu vergessen − der Staat als Anbieter von Infrastrukturleistungen.

Dagegen sind die Güterproduzenten die Unternehmer, die die Endprodukte, die Güter, zum Verkauf anbieten.

Wenn nun diese Faktorbesitzer und Güterproduzenten die Machtposition ausspielen, die sie durch gemeinsames Auftreten bzw. aufgrund ihrer Marktstellung (ihrer relativen Größe) besitzen, sind sie in der Lage, aktiv auf den Preisbildungsprozeß in der Wirtschaft einzuwirken und einen Inflationsprozeß in Gang zu setzen.

Wie läuft so etwas genau ab?

Unterscheiden wir einmal der Systematik halber zwischen einer von Faktorbesitzern (den Faktorleistungen Anbietenden) ausgelösten Inflation − man nennt diese auch „Kostendruckinflation"

– und einer von den Güterproduzenten (Unternehmern) ausgelösten Inflation – die man auch als „Gewinndruckinflation" bezeichnet.

1.2.1 Kostendruckinflation

Wir haben oben zwischen fünf Faktorbesitzern (Faktorleistungen Anbietenden) unterschieden, die jeweils genug Macht haben (können), um die Produktionskosten, d.h. die Kosten der Güterproduktion, in die Höhe schnellen lassen zu können. Am einprägsamsten dürfte im letzten Jahrzehnt das „Muskelspiel" bestimmter Rohstoffanbieter gewesen sein. Ich meine, wie Sie schon erraten werden, die Anbieter von Rohöl. Ihnen wird wahrscheinlich allen noch die Entscheidung der OPEC-Staaten im Jahre 1973 im Gedächtnis sein, den Abgabepreis (Angebotspreis) für Rohöl mehr als zu verdreifachen. Durch Zusammenschluß waren die großen ölproduzierenden Länder in der Lage, die Produktionskosten der gesamten Weltwirtschaft beträchtlich zu erhöhen. Ähnliche Wirkungen (wenn auch vielleicht nicht in dieser Größenordnung) auf die Kostenentwicklung können auch von Grundbesitzern und von den Kapitalbesitzern, d.h. insbesondere von den Banken als Anbieter von Krediten, ausgehen. (Je knapper dabei der angebotene Faktor ist, um so stärker wird die Wirkung sein. Dies sieht man deutlich an den durch Spekulationstätigkeit vor allem der Grundbesitzer in den letzten Jahren in der Bundesrepublik horrend gestiegenen Preisen für knappe Grundstücke.) Aber auch der Staat kann durch Erhöhung der Steuern das gesamtwirtschaftliche Kostenniveau anheben.

Last not least ist es auch den Gewerkschaften als Organisation der Anbieter von Arbeitskraft möglich, die Produktionskosten durch eine aktive Lohnpolitik – die auf eine Verbesserung ihrer Verteilungsposition abzielt – zu steigern. (Man wird allerdings davon ausgehen müssen, daß dies bei weiter steigender Arbeitslosigkeit nicht mehr so einfach sein wird. Die Stellung der Gewerkschaften ist ja bei größerer Arbeitslosigkeit doch stark eingeschränkt. Wir werden darauf noch zurückkommen.) In der Öffentlichkeit wie auch in der Fachwelt der Wirtschaftswissenschaftler hat sich das Bild der Gewerkschaften als der typischen Inflationstreiber am stärksten verfestigt. Auch im offiziellen wirtschaftlichen Beratungsgremium der Bundesregierung, dem „Sachverständigenrat zur Begutachtung der gesamtwirtschaftlichen Entwicklung", – auch bekannt unter dem Namen „die fünf Weisen" –, hat sich diese Ansicht bis heute gehalten. Danach lösen vor allem

38 die Gewerkschaften durch ihre sogenannte „aggressive" Lohnpolitik den Inflationsprozeß immer wieder aus.

Steigen jedoch die Produktionskosten – egal durch wen ausgelöst –, so erhöhen sich in der Regel auch die Güterpreise. Durch die spezifische Preispolitik vor allem der konzentrierten Unternehmen (d.h. der Unternehmen, die nicht mehr so stark dem Konkurrenzdruck ausgesetzt sind, da sie nur mehr wenigen Konkurrenten auf dem für sie relevanten Markt gegenüberstehen, mit denen es möglich ist sich abzusprechen) wird dieser Prozeß noch verstärkt und sozusagen „automatisiert".

Wie in vielen empirischen Studien in den letzten Jahrzehnten herausgefunden worden ist, verhalten sich vor allem ein Teil der konzentrierten Unternehmen nicht so, wie es eigentlich die marktwirtschaftliche Vision vorsieht. Nach marktwirtschaftlichen Vorstellungen müßten sich die Unternehmer alle dem Spiel von Angebot und Nachfrage und dem daraus resultierenden Marktpreis mit ihrer Produktion passiv anpassen, um ihren individuellen Gewinn zu maximieren; sie müßten sich also auf den Marktpreis einstellen, ihn akzeptieren, und könnten nicht einfach die auf sie zukommenden Kostensteigerungen auf ihre Preise überwälzen. Genau letzteres machen viele der Unternehmer. (Und sie machen es eben deshalb, weil es für sie lohnender ist – sofern ihre Konkurrenten mitziehen.) In eingespielter Form der „Preisführerschaft" oder manchmal auch in geheimer Absprache mit ihren oft nur wenigen Konkurrenten auf dem für sie wichtigen Markt werden die Kostenerhöhungen – relativ unabhängig von der Angebots-Nachfrage-Situation – in gemeinsamer Vorgehensweise auf die Preise überwälzt. Das Beispiel der Benzinpreisentwicklung ist nur das spektakulärste. Die Praxis als solche ist sozusagen alltäglich. Dadurch können in der Regel alle Konkurrenten größere Gewinne machen, als wenn sie sich an die „Marktregel" hielten. Die schematische Kostenüberwälzung ist dabei um so leichter möglich, je weniger die Unternehmer fürchten müssen, dadurch Käufer zu verlieren. (Die Fachwissenschaftler haben dafür auch ihre Geheimsprache: Sie sprechen in diesem Fall von geringer *Preiselastizität der Nachfrage*" und meinen damit eine nur geringe prozentuale Nachfrage-Mengenreaktion auf Preiserhöhungen.) Dies wird bei Grundnahrungsgütern und sonstigen Gütern des täglichen Bedarfs, aber auch bei Investitionsgütern, eher der Fall sein als beispielsweise bei Rohstoffen, außer letztere sind künstlich verknappt oder von Hause aus knapp.

Wie schaut nun die angesprochene „unmarktwirtschaftliche" Preispolitik genau aus?

Zumindest so viel kann man nach den bisherigen Erkenntnissen sagen: Die Unternehmen berechnen ihre Stückkosten, das sind die durchschnittlichen Kosten pro hergestelltem Stück als Einheit des hergestellten Gutes. Auf diese Stückkosten schlagen sie dann „noch etwas drauf", eben einen gewünschten und für realisierbar gehaltenen Gewinnaufschlag. Diesen Gewinnaufschlag kann man als gewissen Prozentsatz von den Stückkosten ausdrücken. Ihr Preis setzt sich dann folgendermaßen zusammen:

> **Preis = Stückkosten + Gewinnaufschlag**, wobei der Gewinnaufschlag = Stückkosten × Aufschlagssatz.

Wenn also die Stückkosten 10 DM sind und der Aufschlagssatz 50%, dann wird der Preis = 15 DM betragen.

Die Preissetzung verläuft ziemlich schematisch. Dies wurde auch in einer breit angelegten, wissenschaftlichen Unternehmerbefragung vor einigen Jahren in Baden-Württemberg bestätigt. Es spiegelt sich auch in den Ausdrucksformen heutiger Unternehmensleiter wider: So betonte Hellmuth Buddenberg, der Vorstandsvorsitzende der Deutschen BP, des größten deutschen Mineralölkonzerns, in einem ZEIT-Interview vom 25. Sept. 1981: „Es bleibt dabei, daß wir unsere Preispolitik darauf ausrichten, kostendeckende Preise zu erzielen – mit einer kleinen, angemessenen Gewinnmarge . . ." bzw. ähnlich: „Ich muß für das gesamte Mineralölgeschäft einen kostendeckenden Preis plus einer angemessenen Gewinnmarge erzielen." Ob sich der so gesetzte Preis (insbesondere die anfangs berechnete Gewinnmarge) jeweils langfristig halten läßt, hängt nicht nur von der Kostenentwicklung, sondern auch von der Marktsituation ab, da die Preis- und Gewinnplanungen der Unternehmer auf dem Markt erst realisiert werden müssen. Das heißt, die Marktkräfte sind nicht ausgeschaltet. Sie führen nur nicht kurzfristig, so wie in der marktwirtschaftlichen Vision, zu Angebot und Nachfrage ausgleichenden Preisschwankungen.[1]

Der Aufschlagssatz ist in der Praxis als jeweils über eine gewisse Zeit hinweg relativ starr beobachtet worden. Das heißt, er ist kurzfristig relativ unabhängig von Angebot und Nachfrage. Deshalb kann man auch, wie im letzten Abschnitt schon angedeutet, beobachten, daß die Unternehmer auch bei einer *Übernachfragesituation* auf dem Markt ihren Preis nicht sofort ändern. Mittel-

---

[1]) Auf die Rolle der Marktkräfte bzw. der Angebot-Nachfragesituation auf die Preisbildung wird noch gesondert im Abschnitt 2.6 eingegangen.

und langfristig dagegen reagiert der Aufschlagssatz wohl auf Übernachfragesituationen. Umgekehrt ist es auch so, daß die Unternehmer in Reaktion auf ein *Überangebot* ihren Preis in der Regel nicht senken, dies auch mittel- und längerfristig nicht. Man sagt dazu manchmal auch, die Preise seien „kostendeterminiert", d.h. sie sind in erster Linie von der Kostenentwicklung bestimmt, nicht (zumindest kurzfristig nicht) dagegen von Angebot und Nachfrage.[1]) Dies schlägt sich auch darin nieder, daß heutzutage Kostenerhöhungen zum schon klassischen *Rechtfertigungsargument* der Unternehmen für fast alle Preiserhöhungen geworden sind. Wie viele Forschungsarbeiten ergeben haben, reagieren die Unternehmer mit ihren Preisen allerdings nicht auf jede kurzfristige, auf eine ungünstige Auslastung ihrer Produktionskapazitäten zurückgehende Kostenerhöhung, sondern nur auf solche, die als strukturell oder längerfristig angesehen werden. Dies ist auch gut zu verstehen, da ständige Preisumstellungen selbst Kosten für die Unternehmer verursachen und zudem zur Verunsicherung bei den Käufern führen.

Wie hoch müßten bei der oben beschriebenen Preissetzung die Löhne mindestens steigen, damit sie eine Kostendruckinflation auslösen könnten? Nun, sie müßten eben so stark steigen, daß die Stückkosten erhöht würden. Und wann werden die Stückkosten steigen? Werden diese schon steigen, wenn die Löhne überhaupt erhöht werden? Dies kann sein, muß aber nicht und wird auch in der Regel nicht der Fall sein. Man muß nämlich immer das mitberücksichtigen, was die Fachleute „Arbeitsproduktivitätsfortschritt" bezeichnen, d.h. die unaufhörliche Verbesserung, Produktivermachung von Maschinen und von Arbeitskräften (letzteres durch allgemeine Bildung, betriebliche Fortbildung etc.), wodurch die Produktionskosten gesenkt werden. Was heißt dies genau: „Verbesserung", „Produktivermachung"? Das bedeutet, daß laufend neue Maschinen eingesetzt werden, die mit genauso viel Arbeitskräften „bespickt" mehr Güter als vorher oder mit weniger Arbeitskräften genauso viel oder gar mehr Güter als vorher produzieren können. Anders herum gesagt heißt dies, daß ein Arbeiter in der Lage ist, mit der jeweils neuen Maschine mehr an Gütern zu produzieren als vorher. (Dies kann auch durch eine bessere Ausbildung bzw. Fortbildung der Arbeiter mit der alten Maschine erreicht werden, wenn der Arbeiter nachher versierter, d.h. mit we-

---

[1]) Bestehende Unterschiede in der Preisbildung zwischen konzentrierten Wirtschaften und klassischen Wettbewerbssektoren werden im Abschnitt 2.6 näher behandelt.

niger „Ausschuß" die Maschine bedient.) Das Ergebnis ist auf jeden Fall, daß pro hergestelltem Gut weniger an Arbeitszeit aufgewendet werden muß. Die sogenannten Lohnstückkosten sind gesunken, damit aber auch die Gesamt-Stückkosten.

Als Stückkostensteigerung wirkt sich folglich nur eine über die prozentuale Zunahme der Arbeitsproduktivität hinausgehende prozentuale Erhöhung des Lohnsatzes aus. Solange die Löhne also nicht stärker steigen als die Arbeitsproduktivitätsfortschritte, können sie die Stückkosten der Unternehmer gar nicht erhöhen. Erst eine höhere Zunahme der Löhne könnte eine Kostendruckinflation in Gang setzen.

Die Frage wäre dann immer noch, wie eine solche – in diesem Fall – „Lohnkostendruckinflation" in Gang gehalten werden könnte, so daß mehr als eine einmalige Preisniveauerhöhung zustande kommt.

Ein häufig angeführtes Beispiel in diesem Zusammenhang ist das einer aggressiven Lohnpolitik der Gewerkschaften. Nun ist zu berücksichtigen, daß nach der obigen Beschreibung der heute dominierenden Preispolitik die Unternehmer die durch Lohnerhöhungen ausgelösten Stückkostensteigerungen auf die Preise überwälzen. Das heißt aber, die durch die Gewerkschaften angezielte und kurzfristig erreichte Verbesserung ihrer Verteilungsposition wäre wieder rückgängig gemacht. Denn die Konsumgüter wären ja nun um den Prozentsatz teurer, um den ihre Löhne vorher über die Produktivitätsfortschritte hinaus gestiegen sind. Die Lohnquote, die die Verteilungsposition der Arbeitnehmer wiedergibt, ist folgendermaßen definiert:

$$\text{Lohnquote} = \frac{\text{durchschnittlicher Lohnsatz} \times \text{geleistete Arbeitsstunden}}{\text{Preisniveau} \times \text{produzierte Gütermenge}}$$

Da

$$\frac{\text{produzierte Gütermenge}}{\text{geleistete Arbeitsstunden}} = \text{Arbeitsproduktivität}$$

und

$$\frac{\text{Lohnsatz}}{\text{Preisniveau}} = \text{Reallohnsatz}$$

kann man auch schreiben:

$$\text{Lohnquote} = \frac{\text{Reallohnsatz}}{\text{Arbeitsproduktivität}}.$$

42 Die Lohnquote steigt somit dann und nur dann, wenn der *Reallohn* stärker steigt als die Arbeitsproduktivität. Die Gewerkschaften müßten also, um ihre Verteilungsposition langfristig zu verbessern, andauernd wieder ihre Reallöhne überproportional zu den parallel laufenden Arbeitsproduktivitätsfortschritten ausdehnen. Dies würde dann eine zunehmende „Lohnkostendruckinflation" auslösen.

Ob so etwas bei stagnierender Wirtschaft und anhaltender Arbeitslosigkeit möglich ist, ist sehr zweifelhaft.

Ebenso zweifelhaft ist es, daß beispielsweise der Staat oder die Banken (über ihre Kreditzinspolitik) allein solche über die Produktivitätsfortschritte hinausgehende Stückkostensteigerungen immer wieder initiieren und durchhalten könnten, um eine Kostendruckinflation auszulösen und in Gang zu halten.

Dagegen ist es unter Umständen vorstellbar, daß sich die überlappenden Kostensteigerungsimpulse durch die Faktoranbieter *insgesamt* laufend so hoch summieren, daß sie die Produktivitätsfortschritte[1]) über eine lange Zeit hinweg übertreffen. Dies werde ich im zweiten Teil dieses Kapitels näher erläutern.

1.2.2 Gewinndruckinflation

Eine Angebots- oder Anbieterinflation kann nun, wie oben angedeutet, nicht nur durch Faktorpreissteigerungen der Anbieter von Produktionsfaktoren, sondern genauso gut durch Gewinn(raten)steigerungen der Unternehmer (Güterproduzenten) als Anbieter der Endprodukte ausgelöst werden. Wenn Sie die obige Formel der „administrierten Preissetzung", wie man diese auch bezeichnet, betrachten:

Preis = Stückkosten + Gewinnaufschlag, und
Gewinnaufschlag = Stückkosten × Aufschlagssatz

so können Sie erkennen, daß es ohne weiteres auch möglich ist, daß die Preise bei gleichbleibenden oder gar sinkenden Stückkosten steigen. Die Unternehmer brauchen dazu nur ihren Gewinnaufschlagssatz entsprechend zu erhöhen. Und Beispiele findet man dafür auch genug, wenn man sie nur finden möchte. Die Preispolitik der Ölkonzerne in den letzten Jahren ist dafür nur das

---

[1]) Neben den beschriebenen Arbeitsproduktivitätsfortschritten sind hier zusätzlich auch die *Kapitalproduktivitätssteigerungen* zu berücksichtigen. Darunter versteht man, daß aufgrund technischen Fortschritts für die Herstellung einer bestimmten Gütermenge weniger Kapitalgüter (Maschinen, Rohstoffe etc.) benötigt werden.

eklatanteste Beispiel. Sie werden sich wundern, auf welche Praktiken Sie stoßen, wenn Sie sich einmal näher mit der Politik der sogenannten „Multis", der multinationalen Konzerne, beschäftigen.

Ob sich allerdings eine solche Praxis dauernd durchhalten läßt, so daß dadurch eine Gewinndruckinflation entstehen kann, ist fraglich. Daß es für einzelne Teilmärkte über Jahre hinweg geschehen kann, darauf deutet das vielbeschworene Beispiel der Benzinpreisentwicklung hin. Allerdings werden auch hier irgendwann einmal die negativen Effekte einer Nachfrage(mengen)reduktion die positiven Effekte einer Preissteigerung auf die Gewinnentwicklung der Ölkonzerne überschreiten. Anzeichen dafür sind heute schon vorhanden.

Zudem muß bei einer langanhaltenden **Strategie der Gewinnquotenerhöhung** (also der Verbesserung der Verteilungsposition der Kapitaleigner) auch der hemmende Einfluß der öffentlichen Meinung berücksichtigt werden, die ab einer gewissen Stufe den Staat zu administrativen Gegenmaßnahmen wie Preisstopps u.ä. veranlaßt (wie in Belgien mit den Benzinpreisen 1981 geschehen).

Andererseits haben besonders die Großkonzerne eine recht gute und auch nicht so einfach von der Hand zu weisende Rechtfertigung für eine Erhöhung ihrer Gewinnspannen, die auch als „Werbeargument" Erfolg hat. Zur Illustration: Denjenigen unter Ihnen, die auch manchmal das Werbefernsehen verfolgen, wird bestimmt nicht die schon jahrelang laufende Werbung des ESSO-Konzerns entgangen sein. In dieser Werbung werden uns gewaltige, grandiose Investitionsvorhaben gezeigt, die laut Werbetext auch horrende Summen kosten. Der Schlußslogan dieses Werbespots lautet dann immer: „Es gibt viel zu tun – Packen wir's an! – ESSO."

Damit wird praktisch signalisiert, daß riesige Investitionen auf uns warten, die noch riesigere Summen kosten, wenn wir „die Zukunft meistern" wollen (wie es im Werbespot heißt). Gleichzeitig wird signalisiert, daß solche als lebensnotwendig hingestellten Groß-Investitionen auch nur noch von Großkonzernen durchgeführt werden können. Zur Verwirklichung der für uns alle als so wichtig hingestellten Investitionen brauchen diese Konzerne dann aber auch das nötige „Großgeld", sprich: immer größere Gewinne.

Auch wenn Ihnen die ganze Sache ein wenig spaßig vorkommen mag, diese Werbung bzw. die darin enthaltene Argumentation zeigt die erwartete Wirkung bei den Zuschauern. Das hat man herausgefunden. Sie zerstreut in gewisser Weise den immer irgendwie vorhandenen Verdacht bei der Bevölkerung, daß die Konzerne ihre Gewinne nur aus reiner Geldgier heraus steigern und deshalb immer höhere Preise verlangen. Hier wird stattdessen ein rationales, gesamtwirtschaftliches Argument eingeführt, nämlich dies, daß nur dann in Zukunftsaufgaben investiert werden kann, wenn dafür das Geld bereit steht.

Nun werden sicherlich einige von Ihnen bei der letzten Passage mißmutig geworden sein und denken: was heißt, „wenn dafür das Geld bereit steht". Dafür gibt es ja den Kapitalmarkt, die Banken, damit sich die Unternehmer dort das Geld leihen und es – wenn sie gut gewirtschaftet und die erwarteten Erlöse einschließlich der Gewinne aus den Investitionen erzielt haben – später wieder zurückzahlen. Seit wann kann man das Geld, daß man durch Investitions-, d.h. Unternehmertätigkeit zu erwirtschaften trachtet, schon vorher – sozusagen als Vorbedingung dafür, daß man überhaupt erst bereit ist zu investieren – verlangen? Wo bleibt da die Marktwirtschaft, die man doch immer als rechtfertigendes Schild vor sich herträgt, wenn es gilt, die Gewinne zu verteidigen? Von dem berühmten Unternehmerrisiko, das ja eigentlich die Gewinne in Marktwirtschaften und damit die Marktwirtschaft letztlich selbst in klassischer Weise begründet, will man wohl nichts mehr wissen.

Wenn manche von Ihnen mit solchen oder ähnlichen Gedanken auf die obige Schilderung reagiert haben mögen, so ist Ihnen natürlich in gewisser Weise zuzustimmen. Der marktwirtschaftliche Gedanke und im speziellen der Unternehmergewinn rechtfertigt sich von seinen Wurzeln her erst durch das Unternehmerrisiko, das nur einzelne (eben die, die zu Unternehmern werden) zu übernehmen wagen. Das Gegenargument der Großkonzerne liegt auf der Hand: sie behaupten natürlich, das Risiko solch riesiger Investitionen, wie sie heute anstehen würden, sei nicht mehr so wie früher „ohne Sprungnetz" eingehbar. Entweder der Staat (d.h. die Gemeinschaft) übernimmt das Risiko – eine heute ja auch nicht seltene Vorgehensweise, denken Sie nur an manche Forschungsinvestitionen im Energiesektor –, oder (besser natürlich zusätzlich) der einzelne Konzern macht sich selbst so weit wie möglich unabhängig vom Risiko des Kapitalmarkts (und vom Einfluß der Banken). Letzteres Risiko, das beispielsweise in Schwankungen des Kreditzinssatzes besteht, wird dadurch vermieden, daß sich die Konzerne selbst im vorhinein ihre Investitionen finanzieren, eben durch (erhöhte) Gewinne aus den Vorjahren.

Einen positiven Nebeneffekt, den die Konzerne dadurch auch erreichen können, ist der, daß sie relativ immun werden gegen kurzfristige staatliche, geldpolitische Restriktionen, die ja gerade die zentrale (staatliche) Gegenwaffe gegen Inflation ist (bzw. sein könnte) – wie wir im 4. Kapitel sehen werden. Dadurch ist ein weiteres Investitionsrisiko vermieden, das vor allem in einer unvorhergesehenen und vielleicht unternehmensgefährdenden Verteuerung der Investition besteht.

Wir können also zusammenfassend festhalten, daß die Unternehmer durch eine Erhöhung ihres Gewinnaufschlagssatzes eine Gewinndruckinflation auslösen können. Es ist allerdings sehr fraglich, ob sie diese lange Zeit aufrechterhalten können, da ja mit einer zunehmenden Umverteilung der Einkommen zugunsten der Gewinne die Kaufkraft der übrigen Bevölkerung und damit die Absatzmöglichkeiten der Unternehmer insgesamt sich verschlechtern.

Rechtfertigen läßt sich solch eine vorübergehende Gewinndruckinflation gesamtwirtschaftlich — zumindest in den Augen der Unternehmer — schon, da es um die Finanzierung großer Zukunftsinvestitionen geht, die — damit sie durchgeführt werden — in einem Klima relativ geringer Unsicherheit bzw. Investitionsrisiken stattfinden müssen. Die Vorausfinanzierung dieser Investitionen über (vorher gemachte) Gewinne und damit über höhere Preise dient im wesentlichen der Schaffung eines solchen „Klimas".

1.3 Importierte Inflation

Wir kommen nun zu einer Inflationserklärung, die manchmal für die Rechtfertigung oder argumentative Verteidigung von Regierungen, die mit hohen Inflationen zu kämpfen haben, eine wichtige Rolle spielt. Vielleicht erinnert sich der (die) eine oder andere von Ihnen an den Streit zwischen Regierung und Opposition in besonders der ersten Hälfte der 70er Jahre über die Schuld an der damals stark steigenden Inflation. Während die Opposition der Regierung vorwarf, sie hätte die Inflation selbst verschuldet — oder anders ausgedrückt: die Inflation sei „hausgemacht" —, antwortete damals die Regierung mit dem Argument der importierten Inflation. Die Argumentation lautete: wir stünden in einem engen Verbund mit den anderen westlichen Industrienationen, die fast alle viel höhere Inflationsraten hätten; unsere Preisentwicklung sei nicht abkoppelbar von derjenigen in den Partnerländern, mit denen wir hauptsächlich Handel treiben. Die Inflation in der Bundesrepublik sei deshalb zum größten Teil Ausfluß und Preis der nicht aufhebbaren engen Verbundenheit mit den anderen Industrienationen im Welthandel.

Auch heute noch findet dieses Argument — besonders im Zusammenhang mit den Rohölpreiserhöhungen — häufig Eingang in die Stellungnahmen politischer Stellen zum heimischen Inflationsprozeß.

46 Wir stellen uns hier die Frage: was ist dran an diesem gängigen Argument? Und: was bedeutet denn genau „importierte Inflation"? Wie verläuft der Wirkungs- oder „Import"mechanismus?

Wir werden feststellen, daß es für die Beantwortung dieser Fragen entscheidend ist, wie der Austausch zwischen den einzelnen nationalen Währungen, das sog. *Wechselkurssystem*, geregelt ist. Je nachdem ob man von festen Wechselkursen (einem starren Austauschverhältnis zwischen den Währungen[1]) oder von flexiblen Wechselkursen (— man bezeichnet ein solches System auch als „Floating" —) ausgehen kann, werden Preissteigerungen vom Ausland stärker oder schwächer (bzw. gar nicht) ins Inland importiert.

1.3.1 Feste Wechselkurse

Geht man zunächst einmal von einem System fester Wechselkurse aus, das im wesentlichen bis März 1973 international gegolten hat und auch heute noch innerhalb gewisser Bandbreiten zwischen den meisten EG-Staaten (— innerhalb des „Europäischen Währungssystems" (EWS), früher der sogenannten „Währungsschlange" —) Bestand hat, so wird der Mechanismus des *Inflationsimports* besonders sichtbar. Und zwar wirkt dieser Inflationsimport auf drei Schienen. Ausgangspunkt ist jeweils eine im Ausland höhere Inflation:

(a) *Importgüterpreissteigerungen*

Am einfachsten sichtbar ist der Übertragungsprozeß von Inflation durch den Zwang zur Zahlung immer höherer Preise für Importgüter, die nicht durch andere, billigere Güter substituiert werden können, andererseits aber notwendig sind zur Aufrechterhaltung der heimischen Produktion. Dies betrifft insbesondere Rohstoffe, beispielsweise Rohöl, die ein Land selbst nicht besitzt. Wenn wir dazu die im vorigen Abschnitt beschriebene und in der

---

[1]) Als Wechselkurs bezeichnet man den in ausländischer Währung ausgedrückten Preis für eine Einheit Inlandswährung, also z.B. 1 DM = 0,4 US-Dollar. Bei einem System fester Wechselkurse garantieren die Zentralbanken (das sind die nationalen Währungsbehörden wie z.B. in der Bundesrepublik die Bundesbank) für das Eintauschen der Währungen untereinander bestimmte Höchst- und Mindestpreise. „Fest" bedeutet hier, daß die Wechselkurse wohl innerhalb der vereinbarten Bandbreite schwanken können, daß aber die Zentralbanken einschreiten, wenn die Wechselkurse die Grenzen dieser Bandbreite unter- oder überschreiten. „Einschreiten" heißt, daß die Zentralbanken selbst als Käufer oder Verkäufer ihrer eigenen Währung auftreten (müssen), um den Wechselkurs innerhalb der vereinbarten Bandbreite zu halten. Dagegen bilden sich in einem **System flexibler Wechselkurse** die Kurse ohne Beschränkungen frei nach Angebot und Nachfrage auf den sog. ‚Devisenmärkten', den Märkten für ausländische Währungen.

Industrie übliche Preispolitik betrachten, so kann man davon ausgehen, daß eine aus den gestiegenen Importgüterpreisen resultie-
rende Zunahme der Stückkosten auf die Preise überwälzt wird.
Über verschiedene Kanäle fließen diese Preissteigerungen auch in
die Lebenshaltungskosten der privaten Haushalte. Dagegen wirken
sich Preissteigerungen für importierte Verbrauchsgüter wie Nah-
rungs- und Genußmittel usw. direkt als Erhöhungen des Lebenshaltungskostenindex aus. Das Gewicht solcher Importgüterpreissteigerungen für den Inflationsimport ist natürlich auch bestimmt
durch den Grad der Importabhängigkeit eines Landes. Für ein
Land wie die Bundesrepublik, deren Importe wertmäßig derzeit
rund ein Viertel des gesamten erwirtschafteten Bruttosozialprodukts betragen, ist dieses Gewicht relativ hoch.

(b) *Steigende Auslandsnachfrage*

Um den zweiten möglichen Übertragungsprozeß von Preissteigerungen aus dem Ausland plausibel zu machen, gehen wir einmal
von folgendem Fall aus:
Im Inland und im Ausland werden eine Reihe von als gleichartig
und gleichwertig anzusehenden Gütern hergestellt, die auch ungefähr zum gleichen Preis verkauft werden. Nun steigen beispielsweise im Ausland (aufgrund einer dort allgemein höheren Inflation)
die Preise für diese Güter stärker als im Inland. Was wird passieren? Nun, das Ausland wird − bei freiem Handel − verstärkt die
billigeren Güter des Inlandes nachfragen. Die Auslandsnachfrage
steigt also. Sofern die Konjunktur im Inland schwach ist, d.h. die
inländischen Kapazitäten nicht ausgelastet sind, stabilisiert eine
solche verstärkte Auslandsnachfrage die heimische Konjunktur,
ohne daß sie preistreibend wirkt. Wenn aber die Kapazitäten im
Imland schon weitgehend ausgelastet sind, wird diese Erhöhung
der Auslandsnachfrage insgesamt zu einer Übernachfrage auf dem
inländischen Markt führen und dort tendenziell das Preisniveau erhöhen. (Wie Sie sehen, ist dies eine spezifische Variante der oben
beschriebenen Nachfrageinflation.)

(c) *Geldzuflüsse aus dem Ausland*

Eine dritte und sehr wichtige Ursache des Inflationsimports
liegt in den Geldzuflüssen aus dem Ausland. Diese Geldzuflüsse
können einmal die Folge eines Leistungsbilanzüberschusses sein.
(Dies ist, wie Sie bemerken werden, eine allgemeine (gesamtwirtschaftliche) Variante der in (b) beschriebenen Übernachfragesituation, wobei jetzt nicht vorausgesetzt werden muß, daß im Ausland eine höhere Inflationsrate als im Inland herrschen muß.) In
der Leistungsbilanz werden die Handels-, Dienstleistungs- und
Übertragungsbilanz zusammengefaßt. Ein Leistungsbilanzüber-

schuß liegt vor, wenn (einschließlich der „Übertragungen"[1])) in Geldeinheiten gemessen mehr ins Ausland fließt („exportiert" wird) als vom Ausland an Waren und Dienstleistungen gekauft („importiert") wird. Das war lange Zeit bis 1978 die typische Situation der Bundesrepublik. (Inzwischen hat sich dies jedoch — vor allem aufgrund der Ölpreissteigerungen — umgekehrt.) Damit kommt aber mehr Geld in die heimische Wirtschaft vom Ausland herein als nach dorthin gezahlt werden muß. Das heißt aber mit anderen Worten: die den verkaufbaren Gütern gegenüberstehende Geldmenge im Inland erhöht sich. Dies bewirkt, wie im Punkt Geldmengeninflation näher erläutert werden wird, zumindest bei einer vollausgelasteten Wirtschaft eine Erhöhung des Preisniveaus.

Noch problematischer sind die Folgen eines Geld(Kapital)zuflusses aus Zins- und Spekulationsgründen. Die Währungskrise in der Bundesrepublik Anfang der 70er Jahre, die auch mit zum weltweiten Zusammenbruch des bis dahin geltenden Systems fester Wechselkurse geführt hat, gründete darauf. In Erwartung einer DM-Aufwertung floßen viele Milliarden von Devisen in die Bundesrepublik, die die Bundesbank aufgrund des Systems fester Wechselkurse in Inlandswährung, d.h. in DM, umtauschen mußte. (Vom Ende 1969 bis März 1973 stiegen die Währungsreserven der Bundesbank so umgerechnet[2]) von 27 Milliarden auf 94 Milliarden DM.) Dadurch wurde die Geldmenge im Inland immer mehr aufgebläht, wogegen die Bundesbank selbst mit restriktivsten geldpolitischen Maßnahmen nicht ankam. Erst der Übergang zu einem System weitgehend flexibler Wechselkurse konnte das Problem lösen.

1.3.2 Flexible Wechselkurse

Bei flexiblen Wechselkursen entfällt der Inflationsimport, der bei festen Wechselkursen durch die eben beschriebenen drei Wirkungskanäle fließt, oder wird zumindest in der Regel wesentlich schwächer. In einem System flexibler Wechselkurse lösen nämlich die eben beschriebenen Ausgangslagen von Inflationsimporten

---

[1]) Als „Übertragungen" werden die Transferzahlungen (Überweisungen von Gastarbeitern, Wiedergutmachungsleistungen, Entwicklungshilfen usw.) zwischen In- und Ausland bezeichnet.

[2]) nach den jeweiligen Devisenkursen. Als Devisenkurs bezeichnet man — als Pendant zum Wechselkurs — den in inländischer Währung ausgedrückten Preis für eine Einheit ausländischer Währung, also z.B. 1 US-Dollar = 2,50 DM.

selbst Wechselkursänderungen aus (zumindest in den obigen Fäl-
len (b) und (c)), die die Auswirkungen der vom Ausland herkom-
menden Inflationsimpulse aufheben oder doch zumindest ab-
schwächen.

— *Geldzuflüsse aus dem Ausland*

So bewirkt beispielsweise ein Leistungsbilanzüberschuß selbst
eine Zunahme des Wechselkurses der inländischen Währung, wodurch sich die Käufe des Auslands verteuern. Dies wird zu einem
Rückgang der Auslandsnachfrage führen und den Leistungsbilanzüberschuß, und mit ihm den Geldzufluß abbauen, der für einen
Inflationsimport sorgen könnte. Der Prozeß läuft wie folgt (— der
Einfachheit halber unterstellen wir einmal, daß keine „Übertragungen" getätigt werden —):
Beide Handelspartner (Inland und Ausland) müssen sich für ihre
Käufe vorher Fremdwährung auf dem Devisenmarkt besorgen. Bei
einem Leistungsbilanzüberschuß des Inlandes (Bundesrepublik)
muß sich das Ausland mehr Fremdwährung (DM) als umgekehrt
beschaffen. Dadurch entsteht aber eine Übernachfrage nach DM
am Devisenmarkt (im Vergleich zur ausländischen Währung). Dies
erhöht den Wechselkurs der DM mit den oben erwähnten Folgen.

Genauso lösen die *zins- und spekulationsbedingten Geld- oder
Devisenzuflüsse* des Auslands in der Regel keinen Inflationsimport
mehr aus. Wenn die Ausländer aus *Zinsgründen* verstärkt DM-Guthaben halten wollen, müssen sie erst ihre Devisen in DM umtauschen. Dies führt wieder zu einer Übernachfrage nach DM am Devisenmarkt und erhöht den Wechselkurs der DM. Auf diese Weise
werden DM-Guthaben für Ausländer immer uninteressanter, da sie
ja für ihre Devisen immer weniger DM bekommen.

Ähnlich verhält es sich mit Geldzuflüssen aus *Spekulationsgründen*. Durch den Wechselkursanstieg erhöht sich für die ausländischen Spekulanten das Risiko eines Wechselkurseinbruchs, d.h.
einer Kurswende auf dem Devisenmarkt. Dieses Risiko besteht bei
einer Aufwertungsspekulation im Falle von *festen* Wechselkursen
nicht. Zudem führen bei flexiblen Wechselkursen die Devisenzuflüsse nicht mehr automatisch zur Vermehrung der Geldmenge im
Inland. Die Bundesbank ist ja nicht mehr verpflichtet, ein be-
stimmtes Kursniveau zu garantieren. Es steht ihr jetzt frei, ob,
wann und wie sie am Devisenmarkt eingreifen will. Die Bundesbank kann sich, wenn sie es für nötig erachtet, dafür entscheiden,
keine Devisen mehr anzukaufen, was bedeuten würde, daß Devi-
sen/Geldzuflüsse aus dem Ausland keinen Einfluß mehr auf die
Geldschaffung in der inländischen Wirtschaft hätten. (Wie wir im
4. Kapitel sehen werden, haben allerdings die Geschäftsbanken

noch gewisse selbständige Möglichkeiten der Geldschöpfung, die jedoch die Bundesbank stark einschränken kann.)

— *Steigende Auslandsnachfrage*

Wie wir oben unter (b) beschrieben haben, wird das Ausland, wenn dort die Preise stärker steigen, versuchen, im vergleichsweise billigeren Inland (sagen wir: der Bundesrepublik) verstärkt einzukaufen. Es kann Güter in der Bundesrepublik aber nur kaufen, wenn es mit DM bezahlt. Das bedeutet, das Ausland muß verstärkt eigene Währung gegen DM umtauschen (— einmal vorausgesetzt, daß es nicht riesige Mengen an DM gehortet hat, was nicht die Regel ist —). Durch die Nachfrage nach DM auf dem Devisenmarkt steigt aber — wie wir schon gesehen haben — der Wechselkurs der DM. Das heißt, die DM und damit die in DM zu bezahlenden Güter werden teurer für das Ausland. Falls die Wechselkursänderung schnell genug geschieht, realisiert sich die verstärkte Auslandsnachfrage nach inländischen Gütern nicht, d.h. es kommt gar nicht zum Kauf der inländischen Güter. Deshalb ist auch der Inflationsimport aus dem Ausland vermieden.

— *Importgüterpreissteigerungen*

Schwieriger bzw. nicht so eindeutig verläuft der Prozeß im obigen Fall (a). Wie stark dieser Inflationsimport bei flexiblen Wechselkursen ist, hängt vor allem davon ab, wie groß die Nachfrage-Mengenreaktionen des Inlands auf die gestiegenen Auslandspreise für Importgüter sind.

Wenn gerade die Preise der Importgüter gestiegen sind, wonach die Nachfrage im Inland zumindest kurzfristig relativ *unelastisch* ist (d.h. die Nachfrage nach diesen Gütern geht trotz steigendem Güterpreis nicht zurück), wie es beispielsweise bei gewissen Rohstoffen und Investitionsgütern der Fall ist, so kommt es bei flexiblen Wechselkursen vorübergehend sogar zu einem noch stärkeren Inflationsimport als bei festen Wechselkursen.

Der Prozeß läuft wie folgt:

Um Importgüter kaufen zu können, muß das Inland (die Bundesrepublik) DM eintauschen gegen ausländische Währung. Und zwar muß die Bundesrepublik (bei gleichbleibender Mengen-Nachfrage) um so mehr DM umtauschen, je höher die Importpreise steigen. Jeder Mehrumtausch von DM (= jede Mehrnachfrage nach der ausländischen Währung) bedeutet aber, daß der Wechselkurs der DM sinkt. Gleichbedeutend damit ist, daß der Devisenkurs der ausländischen Währung steigt. Die DM wird also verhältnismäßig weniger wert gegenüber der ausländischen Währung. Oder anders gesagt: die ausländische Währung wird für uns teurer. Damit werden aber die Stückkosten der heimischen Produktion noch höher. Einmal sind sie durch die Preissteigerungen der Importgüter gestiegen, zum zweiten erhöhen sie sich nochmals, da der Preis für die ausländische Währung, mit der die Importgüter bezahlt werden müssen, gestiegen ist. Durch die Überwälzung der Stückkosten auf die Preise wird der Inflationsimport realisiert.

Anders verhält sich die Sache, wenn die Nachfrage-Mengenreaktion auf Importgüterpreissteigerungen sehr *elastisch* ist, d.h. wenn das Inland als Folge der Importgüterpreissteigerungen nun wesentlich weniger Importgüter nachfragt. Dies wird insbesondere bei Importgütern der Fall sein, die leicht ersetzbar sind durch andere Güter. Ein Beispiel: Der Preis für ausländisches Obst steigt sehr stark; viele werden dann auf den Kauf dieses Obstes verzichten oder zumindest weniger davon kaufen.

Wenn aber die Nachfrage nach diesen Importgütern zurückgeht, dann wird das Inland auch weniger ausländische Währung kaufen müssen. Falls der Nachfragemengenrückgang bei den Importgütern sehr stark, genau gesagt: überproportional zu ihrem Preisanstieg ist, muß unter Umständen für den Kauf der sich mengenmäßig verringerten Importgüter − auch bei den neuen, höheren Preisen − sogar **weniger** ausländische Währung eingetauscht werden als **vor** dem Preisanstieg für die damals zahlreicheren Importgüter.

Was passiert aber in diesem Fall?

Die Sache verläuft, wie oben schon beschrieben:
Wenn das Inland weniger an ausländischer Währung nachfragt, sinkt der Wechselkurs der ausländischen Währung. Die ausländische Währung wird also billiger für das Inland. Der inländische Preis für diese Importgüter liegt dadurch niedriger als vorher bei festen Wechselkursen.

Vorübergehend wird aber in der Realität auch bei solch elastischer Nachfrage-Mengenreaktion ein Inflationsimport eintreten, da − wie zu beobachten ist − die Nachfrageänderungen relativ langsamer ablaufen als die Wechselkursänderungen, die ja sofort wirksam werden.

Der zu diesem vorübergehenden Inflationsimport führende Prozeß verläuft analog dem oben im Falle der unelastischen Nachfrage beschriebenen.

Die Realität ist natürlich − wie immer − noch viel komplizierter. Da gibt es dann verschiedene ausländische Handelspartner mit unterschiedlichen Inflationsraten, die oft auch gleich bzw. zumindest ersetzbare Importgüter zu unterschiedlichen Preisen anbieten.

1.3.3 Derzeitige Realität: „Verschmutztes Floating"

Wenn Sie sich die gegenwärtige Situation in den westlichen In-

52 dustriestaaten näher betrachten, werden Sie feststellen können, daß zwischen einigen Ländern das System fester Wechselkurse noch Bestand hat und zwischen anderen Ländern annähernd flexible Wechselkurse gelten.

Konkret besteht heute ein System fester Wechselkurse innerhalb des sogenannten „Europäischen Währungssystems" EWS (früher der „Europäischen Schlange"), dem derzeit alle EG-Länder außer Großbritannien und Griechenland angehören. Dagegen besteht zwischen diesen Ländern und allen anderen Ländern außerhalb des „Europäischen Währungssystems" ein „verschmutztes Floating". („Floating" ist nur das Fremdwort für ein "System flexibler Wechselkurse".) „Verschmutzt" bedeutet, daß die Zentralbanken in diesem System, das ansonsten durch flexible Wechselkurse gekennzeichnet ist, selbst als Marktteilnehmer am Devisenmarkt auftreten, um gewisse Wechselkursstützungen und -„glättungen" vorzunehmen. Dies geschieht vor allem deswegen, um die negativen Auswirkungen stark fluktuierender Wechselkurse auf die Preisstabilität und die heimische Beschäftigung zu vermindern.

Angesichts dieser Konstellation des heutigen Währungssystems ist davon auszugehen, daß laufend ein Inflationsimport aus den Ländern der Handelspartner, die fast alle höhere Inflationsraten als die Bundesrepublik aufweisen, in unser Land strömt. Insbesondere durch die starken Ölpreiserhöhungen der letzten 10 Jahre ist ein gutes Stück Inflation in die Bundesrepublik „importiert" worden, das auch durch das System (relativ) flexibler Wechselkurse zum US-Dollar (als *der* Währung, in der die Öllieferungen bezahlt werden müssen) nicht verhindert wurde. Im Gegenteil: Wie oben geschildert wurde, steigert das System flexibler Wechselkurse tendenziell sogar noch den Inflationsimport, solange die Mengennachfrage nach Öl nicht überproportional zum Preisanstieg reduziert wird, solange also die Ölzahlungen, in Geldeinheiten gemessen, noch zunehmen.

Dagegen senkt das System flexibler Wechselkurse die anderen Quellen des Inflationsimports durch Geldzuflüsse aus dem Ausland und durch steigende Auslandsnachfrage. *Nur*: Was speziell die Auslandsnachfrage anbelangt, gehen rund zwei Drittel unserer Exporte in westeuropäische Länder, mit denen wir in einem System *fester* Wechselkurse verbunden sind. Dadurch schlägt auch hier der Inflationsimport durch.

Man kann davon ausgehen, daß dadurch ein dauernder Inflationsimport in die Bundesrepublik hereinkommt, solange die Handelspartnerländer höhere Inflationsraten haben. Doch nur wenn wir stärkere Handelsüberschüsse hätten, würde sich das stärker in einem Inflationsanstieg bemerkbar machen (– wohlgemerkt nur, wenn wir weiter in einem System fester Wechselkurse mit unseren westeuropäischen Partnern bleiben). Im Augenblick sind auf jeden Fall immer noch die Ölpreissteigerungen die einzig bedeutende und ständige (Gefahren-)Quelle des Inflationsimports in die Bundesrepublik.

Es wäre aber jetzt völlig verkehrt, diesen Inflationsimporten ein zu großes Gewicht beizumessen bzw. bei ihnen die „Schuld" für die Inflationsrate in unserem Land zu suchen. Der allergrößte Teil der derzeitigen Inflationsrate ist eindeutig durch einen anderen (integrierten) Mechanismus verursacht, wie wir im 2. Teil dieses Kapitels sehen werden. Die „Inflationsimporte" bilden dabei nur die – jedoch nicht unwichtigen – dauernden *Inflationsanstöße.*

1.4 Geldmengeninflation

1.4.1 Anknüpfungspunkt

Wenn wir auf die bisher geschilderten Erklärungen einer *Nachfrageinflation* und einer *Anbieterinflation* zurückgreifen, aber auch einer durch Importgüterpreissteigerungen induzierten „*importierten Inflation*", so fällt Ihnen vielleicht auf, daß diese Inflationsprozesse eigentlich nur andauern können, wenn immer mehr Geld in der Volkswirtschaft zur Verfügung steht. Inflationen müssen selbst erst „finanziert" werden.

Die oben erläuterten Inflationserklärungen unterstellen stillschweigend eine parallel laufende Entwicklung der Geldmenge, die einen solchen Prozeß, eine solche Inflationsfinanzierung, zuläßt. (Eine Instanz, die einen solchen Inflationsprozeß über die Geldmengenausdehnung in gewissen Situationen – vor allem in Kriegs- und unmittelbaren Nachkriegssituationen – bewußt und direkt fördert, ist *der Staat.*)

Aus diesem grundlegenden Zusammenhang zwischen Inflation und deren Finanzierung über das Geldmengenwachstum, den man auch in der Empirie beobachten konnte, wird nun häufig der Schluß gezogen, daß der eigentliche primäre Inflationsanstoß und letztlich auch die eigentliche *Inflationsursache* eine **übermäßige Geldmengenausweitung** innerhalb der Volkswirtschaft sei. Inflation wird von den Vertretern dieser Sichtweise, die als „**monetäre Inflationstheorie**" oder **(neue) Quantitätstheorie** bezeichnet wird, definiert über eine übermäßige Ausdehnung der Geldmenge.

So ist – nach den Worten von *Harry G. Johnson,* eines (vor einigen Jahren verstorbenen) bekannten amerikanischen Wirtschaftswissenschaftlers und Vertreters dieser Inflationserklärung – „In-

54 flation verbunden mit und letztlich ursächlich abhängig von einer erheblich über der Wachstumsrate der realen Produktion liegenden Zuwachsrate des Geldangebots — wobei die Differenz zwischen beiden Raten die Inflationsrate ist".

Diese Sichtweise der Inflationsursache breitet sich gerade in den letzten Jahren in wissenschaftlichen, vor allem aber auch in politischen Kreisen, immer mehr aus. Dies ist verbunden mit der Verbreitung der wirtschaftspolitischen Konzeption des „Monetarismus", die gravierende Konsequenzen für die Wirtschafts- und Sozialpolitik der westlichen Industrienationen hat. Hier nur ein erster Hinweis dazu: Die in den Schlagzeilen der Medien in den letzten Jahren häufig aufgegriffene Wirtschaftspolitik der Regierung von Margaret Thatcher in Großbritannien basiert auf dieser Konzeption und der dahinterstehenden Sichtweise der Inflationsursache, woraus sich ihre stringente Politik der Inflationsbekämpfung herleitet.

Auch deshalb ist es wichtig, sich den in dieser Inflationserklärung unterstellten Mechanismus der **Inflationsübertragung** von einer Geldmengenerhöhung ausgehend zu betrachten.

Während der Vorläufer dieser „neuen" Quantitätstheorie, eben die sogenannte *„alte" Quantitätstheorie*, deren Geist die Wirtschaftspolitik der ersten Jahrzehnte dieses Jahrhunderts stark mitgeprägt hat, den Inflationsübertragungsmechanismus noch ziemlich mechanistisch gesehen hatte, argumentiert die neuere Quantitätstheorie differenzierter.

1.4.2 Die „alte" Quantitätstheorie

Die alte Quantitätstheorie ging von der im Prinzip trivialen Einsicht aus, daß — da jedem Kauf ein Verkauf gegenübersteht — der Wert aller Verkäufe in einer Volkswirtschaft immer gleich dem Wert aller Käufe sein muß. Der „Wert aller Verkäufe" ist gleich dem verkauften Gütervolumen (oder „Transaktionsvolumen") multipliziert mit dem Durchschnittspreis (dem Preisniveau). Den „Wert aller Käufe" kann man dagegen umschreiben als die vorhandene Geldmenge in einer Volkswirtschaft mal der Häufigkeit, mit der diese Geldmenge „umgesetzt", d.h. für Käufe verwendet wird. Man bezeichnet letztere auch als „Geldumlaufgeschwindigkeit".

Komprimiert geschrieben, heißt dies:
Preisniveau × verkauftes Gütervolumen = Geldmenge × Geldumlaufgeschwindigkeit.

Wenn man, wie die alte Quantitätstheorie,
– *annimmt*, daß die Geldumlaufgeschwindigkeit institutionell, durch Gewohnheiten usw, bestimmt wird und sich damit zumindest kurzfristig nicht ändert,
– und auch *annimmt*, daß das verkaufte Gütervolumen durch die kurzfristig nicht änderbaren Produktionskapazitäten vorgegeben bzw. festgelegt ist,[1]) so entwickelt sich das Preisniveau in gleichem Maße und in gleicher Richtung wie die Geldmenge. Dies wird nun von den Quantitätstheoretikern so interpretiert, daß die *Ursache* von Preisniveausteigerungen immer Geldmengensteigerungen sind.

1.4.3 Der Inflationsübertragungsmechanismus – neu gestrickt

Wie Sie bestimmt selbst wissen werden, kann man jedoch aus der gleichgerichteten Entwicklung zweier Größen noch nicht auf einen ursächlichen Zusammenhang schließen. Zudem sind die in der alten Quantitätstheorie gemachten Annahmen über die (zumindest kurzfristige) Unveränderbarkeit der Geldumlaufgeschwindigkeit als auch des verkauften Gütervolumens nicht ohne weiteres akzeptierbar.

Deshalb versuchte die **neue Quantitätstheorie**, welche in den letzten zwei Jahrzehnten vor allem von Ökonomen der Universität Chicago entwickelt worden ist, den von einer Geldmengenerhöhung ausgehenden Mechanismus der Inflationsübertragung differenzierter zu fassen. Vom Ergebnis her aber stimmt die „neue Quantitätstheorie" weitgehend mit der „alten" überein. Man braucht sich dazu nur die Aussage von *Milton Friedman,* dem Papst der neuen Quantitätstheorie, anzusehen. Der hat gesagt: die Erhöhung der Geldmenge ist eine notwendige und hinreichende Bedingung für Inflationsprozesse; deshalb solle sich eine Inflationstheorie auch nur mehr auf die Analyse der Wirkungen und Ursachen von Geldmengenveränderungen konzentrieren.

Ich möchte dieses „neue" Gedankenkonzept des Inflationsübertragungsmechanismus – wegen seiner auch wirtschaftspolitischen Wichtigkeit –, kurz umreißen:
Ausgangspunkt des von der neuen Quantitätstheorie unterstellten Übertragungsmechanismus ist die Vorstellung, daß Geld auch Ver-

---

[1]) Achtung! Sie werden vielleicht bemerken, daß dies nur gilt, wenn die Kapazitäten in der Volkswirtschaft schon ausgelastet sind, also auch Vollbeschäftigung herrscht. Ansonsten kann sich das verkaufte Gütervolumen laufend ändern. Und genau diese Vollauslastung der Produktionskapazitäten und diese Vollbeschäftigung unterstellt die alte wie auch die neue Quantitätstheorie!

mögensobjekt ist. Konkret gesagt: Jede Wirtschaftseinheit kann ihr Einkommen oder ihr Vermögen auf verschiedene Anlageformen aufteilen: sie kann es im Sparstrumpf zu Hause oder auf ihrem Girokonto aufbewahren (beides wird in der Fachsprache üblicherweise als „Geldhaltung" bezeichnet), sie kann es in geldnahen Anlageformen (auf Sparbüchern oder als sog. Festgeld) verwahren oder dafür Wertpapiere (z.B. Bundesschatzbriefe oder Aktien) oder auch Sachgüter erwerben. Die Realität zeigt, daß die Wirtschaftssubjekte (wie man die wirtschaftlich Handelnden auch nennt) ihr Vermögen in der Regel „streuen", d.h. auf verschiedene Anlageformen verteilen. Unter anderem halten sie ihr Vermögen zu einem gewissen Anteil auch in Geld, obwohl Geld im Gegensatz zu den anderen Anlageformen keinen Zins-Ertrag erbringt. Dies ist vor allem dadurch zu erklären, daß man mit Geld „liquide" ist, d.h. Geld ist das allgemein anerkannte Tausch- und Zahlungsmittel, mit dem man Käufe bzw. Zahlungen (auch unerwartet auftretende) ohne weitere kostspielige Tauschaktionen durchführen kann. (Solche Tauschaktionen bei Nicht- oder zu geringer Geldhaltung würden ja selbst wieder Informations- und Such-, eventuell auch Transportkosten verursachen.) Zudem ist Geldhaltung eine Anlageform ohne Verlustrisiko − zumindest solange keine Inflation herrscht −, während beispielsweise bei einer Wertpapierhaltung unvorhersehbare Kursverluste auftreten können.

Die neue Quantitätstheorie geht nun davon aus, daß jede Wirtschaftseinheit ihre eigene, für sich optimale Vermögenszusammensetzung sucht und findet. Die optimale Vermögenszusammensetzung ändert sich dabei laufend mit den Ertragsbedingungen der einzelnen Anlagemöglichkeiten. Und diese Ertragsbedingungen werden auch durch eine **Geldmengenerhöhung** verändert, was seinerseits den inflationären Prozeß in Gang setzt. (Das ist die Behauptung!) Die behauptete **Inflationsübertragung** geschieht dabei wie folgt:

Eine Geldmengenerhöhung *stört* die vorher als optimal angesehene Vermögenszusammensetzung der Wirtschaftseinheiten. Sie haben auf einmal mehr Geld in ihrer Vermögenszusammensetzung, als sie eigentlich zu brauchen glauben. Sie werden also versuchen, das nicht benötigte Geld umzutauschen in andere Vermögensanlagen, etwa in Wertpapiere und Sachgüter, die einen höheren Ertrag erbringen als Geld. Das Umtauschen in Sachgüter führt aber auf dem (Sach-)Gütermarkt zu einer Übernachfrage nach Gütern mit der oben schon beschriebenen Folge eines Preisniveauanstiegs. (Voraussetzung dafür ist natürlich wiederum eine schon *vollausgelastete* und *vollbeschäftigte* Wirtschaft. Dies ist sozusa-

gen die implizite Annahme des quantitätstheoretischen Denkens
bei seiner Inflationserklärung.) Nun kann es aber sein, daß die
Wirtschaftssubjekte die überschüssige Geldmenge gar nicht in Sachgüter umtauschen, sondern ausschließlich in Wertpapieren anlegen.
Was passiert dann? Nun, es passiert (nach den Vorstellungen der
Quantitätstheoretiker) das Gleiche — nur auf Umwegen. Legen
nämlich die Wirtschaftssubjekte das überschüssige Geld in Wertpapieren an, so kommt es — bei einem gegebenen (nicht-überschüssi-
gen) Angebot an Wertpapieren (!) — zu einer Übernachfrage auf
dem Wertpapiermarkt, die Preise für die Wertpapiere — das sind
die sogenannten Kurse — steigen, und das bedeutet: die Rendite
oder Effektivverzinsung (man kann auch sagen: der Ertrag) der
Wertpapiere sinkt.

Wenn aber der Ertrag der Wertpapiere sinkt, lohnt es sich für
die Wirtschaftssubjekte, Wertpapiere in Sachgüter, deren Preis oder
Ertrag noch unverändert ist, umzutauschen. So wird also das ursprünglich überschüssige Geld über den „Umweg" der Wertpapier-
anlage doch schlußendlich als Nachfrage auf dem Gütermarkt
wirksam. Bei Vollauslastung (Vollbeschäftigung) der Kapazitäten
führt dies wiederum zu einem — Ihnen inzwischen schon sattsam
bekannten — Anstieg des Preisniveaus.

1.4.4 Bleibende Fragen

Zusammenfassend läßt sich festhalten:
Nach der Ansicht der (neuen) Quantitätstheoretiker wird die Inflationsrate in einer Volkswirtschaft durch den langfristigen Trend
der Wachstumsrate der *Geldmenge* bestimmt. Die Inflationsursache wird in einem übermäßigen Geldmengenzuwachs gesehen.
Dieser „übermäßige Geldmengenzuwachs" ist — in Entsprechung
des marktwirtschaftstheoretischen Denkens in *Angebots-Nachfra-
ge-(Gleichgewichts-)Kategorien*, das Sie ja schon oben bei der sog.
„Nachfrageinflation" kennengelernt haben — zu verstehen als ein
von der Zentralbank erzeugtes Überschußangebot an Geld. Mit
anderen Worten: die zur Verfügung gestellte (angebotene) Geldmenge ist größer als die von den Wirtschaftssubjekten nachgefragte Geldmenge.

Die nachgefragte Geldmenge wird dabei als von dem beschriebenen Optimierungsprozeß der Vermögenszusammensetzung (und
dem diesem zugrundegelegten Rationalitätsverhalten der einzelnen Wirtschaftssubjekte) bestimmt angesehen, wobei das Optimierungskalkül als relativ stabil unterstellt wird.

Dieses stabile Rationalitätsverhalten der Wirtschaftssubjekte
garantiert zusammen mit dem unterstellten *Funktionieren des*

Preismechanismus sowohl auf dem Güter- als auch auf dem Wertpapiermarkt wieder ein neues Vermögensgleichgewicht, d.h. eine optimale Vermögenszusammensetzung für *alle* Wirtschaftssubjekte. Eine durch eine „übermäßige Geldmengenausweitung" ausgelöste Störung des Vermögensgleichgewichts wird so über Verschiebungen der Preisstruktur (zwischen den Preisen der verschiedenen Anlagemöglichkeiten) wieder behoben. Die Preisänderungen sind dabei selbst erst die Folgen von Nachfrageänderungen nach einzelnen Vermögensanlagemöglichkeiten. Das Gleichgewicht zwischen angebotener und nachgefragter Geldmenge wird wieder hergestellt. Ein Ergebnis dieser „Verschiebung der Preisstruktur" ist der Anstieg des Preisniveaus (für Sachgüter), der allerdings nur so lange anhält, bis das Gleichgewicht zwischen angebotener und nachgefragter Geldmenge wieder hergestellt ist. Das bedeutet aber, daß ein andauernder geldmengeninduzierter (Sachgüter-)Preisniveauanstieg, also eine Geldmengeninflation, nur auftreten kann, wenn permanent zuviel Geld in die Wirtschaft „hineingepumpt" wird. Dieses „Hineinpumpen" besorgt nach Ansicht der Quantitätstheoretiker die Zentralbank, die als ausschließlicher Produzent und Kontrolleur von Geld betrachtet wird.

Ich kann mir vorstellen, daß vielen von Ihnen bei der Schilderung dieser Inflationserklärung Zweifel, oder doch zumindest ein „ungutes Gefühl", gekommen sind — wenn Sie die Schilderung angesichts des abstrakten Gedankenganges nicht gleich „übersprungen" haben. Dies ist auch nicht verwunderlich, wenn man bedenkt, daß dieser Erklärungsansatz — dem übrigens in der Zwischenzeit auch schon viele der wirtschaftspolitisch Verantwortlichen in unserem Land folgen — doch mit starken (Modell-)Annahmen arbeitet. So ist nicht sicher, und auch empirisch bisher innerhalb der Wirtschaftswissenschaft nicht geklärt, ob der unterstellte Optimierungszusammenhang bzw. die Rationalitätskalküle wirklich so stabil wie angenommen sind. Zum anderen muß auch bezweifelt werden, ob eine nationale Zentralbank allein die Geldmenge im Inland so genau steuern kann wie unterstellt wird. Wir haben ja im vorigen Abschnitt bei der Erklärung der importierten Inflation schon gesehen, daß nationale Zentralbanken wie die Bundesbank gegen Geldzuflüsse aus dem Ausland bei festen Wechselkursen ziemlich machtlos sind. Letzteres nahm ein Teil der Quantitätstheoretiker in den letzten Jahren nun auch zum Anlaß, die monetäre (quantitätstheoretische) Inflationserklärung mit der Erklärung der „importierten Inflation" (bei festen Wechselkursen) zu verbinden. Diese spezifische Inflationserklärung läuft dann darauf hinaus, daß man sich den oben geschilderten Prozeß der

Geldmengeninflation auf die *Weltebene* projiziert denkt: man behauptet, die „Weltinflation" ist der Ausfluß eines (laufend) zu großen Geldmengenangebots auf Weltebene. Das heißt, die gesamte angebotene Geldmenge auf der Welt ist dauernd größer als die insgesamt von der Weltbevölkerung nachgefragte Geldmenge. Daraus ergebe sich — nach dem oben beschriebenen Optimierungsmechanismus der Vermögenszusammensetzung — eine weltweite Inflationsbewegung, der in einem System fester Wechselkurse (— dies ist der Ausgangspunkt! —) ein einzelnes Land nicht ausweichen kann. Den Inflationsübertragungsmechanismus von einem Land zum anderen haben Sie oben schon kennengelernt, im Abschnitt über die „importierte Inflation" bei festen Wechselkursen.

Unterschiede in den Inflationsraten der einzelnen Nationen werden so erklärt:

Erstens seien die Wechselkurse auch in einem System fester Wechselkurse doch nicht immer völlig starr.

Zweitens gäbe es Handelshemmnisse (durch protektionistische Maßnahmen einzelner Nationen).

Drittens vollziehe sich die Vermögensumstrukturierung der Wirtschaftssubjekte über die nationalen Grenzen hinweg nicht so glatt.

Und *viertens* würde nur das Preisniveau gewisser Güter auf dem Weltmarkt bestimmt, wogegen das Preisniveau anderer Güter (wie z.B. staatlicher und anderer Dienstleistungen) national, auf dem Binnenmarkt, determiniert würde.

Dem Trend nach würde aber alles so wie oben — im quantitätstheoretischen Erklärungsansatz — beschrieben verlaufen.

Wenn Sie diese Inflationserklärung mit der anfangs geschilderten Erklärung der Nachfrageinflation vergleichen, werden Sie ziemlich große Parallelen in der Denk- und Argumentationsstruktur bemerken. Bei beiden ist der unmittelbare Inflationsanstoß eine verstärkte Nachfrage nach (Sach-)Gütern bei schon voll ausgelasteten Kapazitäten und Vollbeschäftigung. Der einzige und entscheidende Unterschied besteht darin, daß die Nachfrageinflation von den realen (Mengen-)Planungen (Kaufplänen) der Wirtschaftssubjekte ausgeht, und stillschweigend annimmt, daß die Nachfragen der Haushalte schon irgendwie finanziert werden können — die parallele Geldmengensteigerung also ein begleitendes, nichtsdestoweniger aber für die Existenz einer Nachfrageinflation notwendiges Phänomen ist. Die Nachfragen der Haushalte wirken sich ja auf dem Markt nur dann preissteigernd aus, wenn sie „effektive" Nachfragen sind, d.h. wenn die Nachfrager die gewünschten Güter zu den gegebenen Preisen auch wirklich alle bezahlen könnten. („Könnten", da ja „zuwenig" Güter da sind.) Abstrakte Kaufwünsche, die nicht finanziert werden können, erscheinen gar nicht auf dem Markt (bzw. in der Marktvorstellung). Dagegen läuft bei der Geldmengeninflation die Geldmengensteigerung immer vorher und induziert erst die Übernachfrage auf dem Gütermarkt (aufgrund der eingeleiteten Vermögensumschichtungen).

Die Struktur des Arguments ist die gleiche, nur der (erste) Anstoß wird anders gesehen. Er liegt bei der Geldmengeninflation auf einer Stufe vorher.

Nun haben wir aber oben schon gesagt, daß eine Situation der vollausgelasteten und vollbeschäftigten Wirtschaft nicht als allgemeines oder normales Phänomen angesehen werden kann. Heute ist es sogar notwendiger denn je, das Phänomen einer Inflation bei stagnierender, unterbeschäftigter Wirtschaft, genannt „**Stagflation**", welches unsere Gegenwart kennzeichnet, erklären zu können, um eventuelle Gegenmaßnahmen entwickeln zu können. Ist aber zur Erklärung einer Stagflation der Erklärungsansatz der Geldmengeninflation geeignet? Man wird dahinter zumindest ein großes Fragezeichen setzen müssen. Eigentlich dürfte es ja nach der quantitätstheoretischen Erklärung gar keine Preisniveausteigerungen geben, bevor nicht die Wirtschaft vollausgelastet und vollbeschäftigt ist.

Nun kann man unter Zuhilfenahme einiger Ergänzungen und Ausweitungen des obigen Erklärungsmusters auch innerhalb des quantitätstheoretischen Ansatzes begründen, wieso – zumindest kurzfristig – Inflation bei abnehmender Kapazitätsauslastung bzw. abnehmendem Beschäftigungsgrad auftreten kann. Dies versucht man zu begründen über **Anpassungsverzögerungen in der Erwartungsbildung** der Wirtschaftssubjekte. Konkret gesagt: Ein Quantitätstheoretiker kann sich eine kurzfristige Stagflationsperiode dann vorstellen, wenn die Zentralbank die Geldmenge reduziert – genau gesagt: die Erhöhung der Geldmenge unter dem Niveau des Anstiegs der realen Güterproduktion hält. Die Wirtschaftssubjekte werden daraufhin ihre Nachfrage nach Sachgütern (und Wertpapieren) einschränken, um ihre bisherige, als unerläßlich betrachtete Geldhaltung aufrechterhalten zu können. Daraus (aus dieser Nachfragereduktion) entwickelt sich aber gesamtwirtschaftlich ein Überangebot an Gütern, was die Unternehmer veranlaßt, ihre Produktion einzuschränken und Arbeitskräfte zu entlassen. In dieser Situation kann – kurzfristig – der Fall auftreten, daß die vorher (in einer Übernachfragesituation) aufgebauten Inflationserwartungen nicht schnell genug abgebaut werden. Da diese Inflationserwartungen ihrerseits auch in die Lohnverhandlungen mit einbezogen werden, kann für eine gewisse Zeit Inflation bei gleichzeitig nicht ausgelasteten (nicht vollbeschäftigten) Produktionskapazitäten auftreten. Dies ist aber — wie gesagt — im quantitätstheoretischen Konzept nur kurzfristig möglich, da unterstellt wird, daß — über das beschriebene Optimierungskalkül der Vermögenszusammensetzung — eine andauernd starke Tendenz hin zum Gleichgewicht zwischen Angebot und Nachfrage herrscht. Eine *längerfristig anhaltende* Stagflation läßt sich dagegen nur schwerlich mit Hilfe des obigen Denkansatzes plausibel begründen. Und wenn wir an die empirisch nun doch ganz gut nachgewiesene administrative Preissetzung denken, die wir im Abschnitt über die „Anbieterinflation" beschrieben haben, wird es noch schwieriger, mit dieser Erklärung geldmengeninduzierter Preisniveausteigerungen bei der Betrachtung von Stagflationen viel anzufangen. Der quantitätstheoretische Inflationsübertragungsmechanismus basiert ja eindeutig auf einer reinen Marktpreisbildung, bei der die Preise nur auf Angebots-Nachfrage-Verschiebungen reagieren. Die schematische Kostenüberwälzungspraxis der Unternehmer paßt hier nicht richtig in das obige Konzept.

Man kann deshalb davon ausgehen, daß es nicht ausreicht, bei einer Inflationsanalyse nur auf die Geldmengenentwicklung zu starren, sondern daß man nicht umhin kommt, die realen Verhaltensweisen und Planungsentscheidungen der Wirtschaftssubjekte mit in Betracht zu ziehen.

Diese werden in den restlichen Abschnitten dieses Kapitels, in denen eine umfassendere und nicht so einseitige Darstellung des Inflationsmechanismus dargeboten wird, explizit mit berücksichtigt.

2. Einkommensansprüche, Verteilungskonflikt und Inflation

2.1 Rückblick

Ich habe Ihnen im 1. Teil dieses Kapitels einen längeren Überblick über die in den Fachkreisen dominierenden Inflationserklärungen gegeben. Dies ist weniger als akademische Pflichtübung zu verstehen, sondern vielmehr als Grundlage, um die in den Medien laufend auftauchenden verschiedenartigen Inflationserklärungen unter einen Hut bzw. besser in die jeweils passende Denk-Schublade zu bringen. (Besonders Politiker pflegen ja häufig in volkswirtschaftlichen Angelegenheiten ihre Grundauffassungen hinter verschwommenen Floskeln zu verschleiern.)

Was ist nun von den geschilderten Inflationserklärungen zu halten? Wie ich in den einzelnen Abschnitten schon angeführt habe, sind alle Erklärungen letztlich nicht so recht befriedigend.

Die Theorie der *Nachfrageinflation*, die Inflation als Folge andauernder Überschußnachfrage auf dem Gütermarkt sieht, basiert auf der Annahme stetig vollausgelasteter und vollbeschäftigter Produktionskapazitäten in der Volkswirtschaft. Die These der *Angebots- oder Anbieterinflation*, die Inflation auf stetige Versuche eines Faktor- oder des Endproduktanbieters zurückführt, seine Verteilungsposition zu verbessern, kann dagegen ein breiteres Spektrum abdecken, d.h. insbesondere: auch Stagflationserscheinungen erklären. Jedoch ist die zugrundeliegende Annahme dauernder aggressiver Verteilungskämpfe auch zu speziell, um die heutigen Inflationen zufriedenstellend beschreiben zu können. Das Manko der Erklärung der *Geldmengeninflation*, die eine zu große Geldmengenproduktion als die alleinige Inflationsursache ansieht, liegt zum einen darin, daß sie in ihrem Erklärungsbereich wie die Nachfrageinflation auf Vollbeschäftigungssituationen begrenzt ist. Zumindest mittel- und längerfristige Stagflationen sind mit ihr nicht erklärbar. Zum anderen liefert die Geldmengeninflation eine weitgehend ökonomistisch-formale Erklärung und verdeckt damit einfach die realen Ursachen und Prozesse, die hinter einer bestimmten Geldmengenproduktion stecken. Selbst in den immer wieder zur Erläuterung herangezogenen vergangenen Kriegsfinanzierungen stehen hinter der Geldmengenproduktion handfeste reale Verhaltensweisen von Wirtschaftssubjekten und -gruppen, die eher als *Ursachen* von Inflation gekennzeichnet werden können. Die Geldmengenproduktion ist nur die monetäre (geldliche) Seite bzw. die Reaktion auf solche realen Entscheidungsprozesse oder Verhaltensweisen.

Unter *importierter Inflation*, die den Ansteckungsmechanismus des Inlands durch ein (stärker) inflationäres Ausland thematisiert, werden letztlich nur spezifische Varianten der Nachfrage-, Anbieter- und Geldmengeninflation zusammengefaßt.

Diese verschiedenen Inflationserklärungen können wohl einmalige oder auch noch kurzfristig andauernde Preisniveausteigerungen beschreiben und damit bestimmte Inflationsanstöße erklären. Jedoch sind sie zur Erklärung von Inflationsprozessen, d.h. kontinuierlicher Preisniveausteigerungen, so wie wir ja am Anfang des Buches Inflation definiert hatten, nicht geeignet. Dafür ist eine andere — dynamische — Erklärung nötig.

Im folgenden werde ich Ihnen eine solche Erklärung vorstellen, die in den letzten Jahren — unter verschiedenen (politischen) Vorzeichen — eine immer stärkere Beachtung findet.

2.2 Das Gerede von der „Anspruchsinflation'

Sie werden sich sicher alle noch an den Aufschrei der Entrüstung vor allem bei den Gewerkschaften und die Diskussion in den Medien über unser aller Anspruchsdenken erinnern, als Wirtschaftsminister Graf Lambsdorff im Sommer 1980 bei und im Anschluß an eine Japanreise eine provokante Aussage machte: Er sagte sinngemäß, unsere Wirtschaftskrise (in der Bundesrepublik) hänge eng zusammen mit unserer gesunkenen Leistungsbereitschaft und unserem übermäßigen Anspruchsdenken. Es sei an der Zeit — dem Beispiel Japans folgend — wieder mehr zu arbeiten und weniger zu fordern. Konservative Kreise in unserem Land nahmen sofort den Spielball des Grafen auf und prangerten eine zu enge Vermaschung unseres sozialen Netzes an, die eine solche lasche Arbeitshaltung, wie sie bei uns vorherrsche, und die mit ihr einhergehende „Nehmer-Haltung" erst erzeugten.

Diese Diskussion der letzten beiden Jahre ist nicht neu. Vielen von Ihnen wird auch noch der Spruch des früheren Bundeskanzlers Erhard im Gedächtnis haften, der Mitte der sechziger Jahre die Forderung an die deutsche Nation erhob, „den Gürtel enger zu schnallen" und aufzuhören, „über ihre Verhältnisse zu leben". Auch in der Zwischenzeit wurden öfters von Politikern solche Sprüche zum Besten gegeben, um die Schuld(zuschreibung) an wirtschaftlichen Krisenerscheinungen wie Arbeitslosigkeit und Inflation den Betroffenen zurückzuschieben.

Besonders der stetige Inflationsprozeß wurde in den letzten Jahren immer häufiger durch solche Verhaltensweisen erklärt. Das Wort von der „Anspruchsinflation" ist inzwischen in vieler Munde. Es besagt, daß Inflation die logische Konsequenz bestimmter Einstellungen und Erwartungshaltungen ist, die in der Summe mehr Ansprüche hervorbringen als durch das Leistungsvermögen (verbunden mit einer bestimmten Leistungsbereitschaft) einer Volkswirtschaft befriedigt werden können. Die sozialen Gruppen in unserer Gesellschaft forderten insgesamt laufend mehr als in der Volkswirtschaft real zu verteilen ist. Wenn aber mehr an nominalen (d.h. Geld-)Einkommen verteilt wird als *real* produziert worden ist, muß dies unweigerlich zur Inflation führen. Die Kaufkraft der Einkommen wird damit wieder auf das richtige, durch die Produktion vorgegebene, Maß zusammengeschrumpft.

64   Die Parallele zur oben beschriebenen „Anbieterinflation" ist sichtbar. Auch hier geht es im Grunde um Verbesserungen der Verteilungs- oder zumindest der realen Einkommensposition. Jedoch ist die These von der „Anspruchsinflation" *allgemeiner*. Sie betrifft nicht nur die Anbieter von Produktionsfaktoren und die Unternehmer, sondern alle sozialen Gruppen von den Kindern bis zu den Rentnern. Das dem Inflationsprozeß zugrundeliegende Anspruchsverhalten wird mit — sich durch alle Schichten und Gruppen ziehenden — historischen Verhaltensänderungen begründet, deren Ursache letztlich im allgemeinen *Wertewandel* der sogenannten „nachindustriellen" Gesellschaft gesehen wird.

Zur Unterstützung dieser Inflationserklärung wird zurückgegriffen auf einschlägige soziologische und psychologische Theorien und Untersuchungen, die zeigen, daß

(a) die *Einkommens- und Konsumorientierung* vor allem in den westlichen Gesellschaften sich systematisch in allen Lebensbereichen dominierend festgesetzt hat,

(b) verbunden mit dem seit der *Aufklärung* (im 18. Jht.) sich fortentwickelten *Gleichheitsstreben* auch der Gedanke der *Verteilungsgerechtigkeit* heute in den westlichen Gesellschaften nicht mehr wegzudenken ist,

(c) dieses Verteilungsgerechtigkeitsbewußtsein sich *nivellierend* und verallgemeinernd auf das Anspruchsverhalten und die Einkommenszuwachsraten innerhalb sozialer Schichten auswirke,

(d) letzteres durch die zugenommene Organisierung („Kollektivierung der Interessen") sozialer Gruppen ermöglicht und gefördert wird.

zu (a): Die angesprochene Konsumorientierung wird jeder Einzelne von uns selbst mehr oder weniger stark bei sich nachprüfen können. Die Diskussion um die „Aussteiger" hat vielen die Konsumorientierung deutlich werden lassen.

Die Einkommensorientierung ist zum einen als strukturelle Vorbedingung direkt auf die Konsumhaltung bezogen, zum anderen spielt sie aber auch selbst schon eine eigenständige Rolle beim Aufstieg innerhalb der gesellschaftlichen Statushierarchie. Zwar ist dies in der Bundesrepublik noch nicht so deutlich, jedoch ist es in den USA schon fast gang und gäbe, die Leute nach ihrem Einkommen „abzuschätzen". Oft werfen die Leute selbst ihren „Marktwert" offen in die gesellschaftliche Waagschale. (Nach dem Motto: „*Ich* bin ein 50.000 $-Mann. Und *du*?")

zu (b): Die marktwirtschaftstheoretische Idee beruht auf dem Grundgedanken, daß Einkommens- und Vermögensunterschiede nur auf unterschiedlichen individuellen „Leistungen" beruhen können und dürfen. Mit dem Durchbruch des marktwirtschaftlich-kapitalistischen Systems wurden die alten Rechtfertigungen für Ungleichheiten, die auf angestammten Positionen und Rechten beruhten, allmählich aufgeweicht, d.h. auch nicht mehr ohne weiteres akzeptiert. Der Ruf nach Verteilungsgerechtigkeit ist in diesem Zusammenhang als Forderung nach Abbau als ungerecht empfundener Einkommens-/Verteilungsdiskrepanzen bzw. nach Verhinderung der Entstehung solcher Diskrepanzen zu verstehen. Tarifverhandlungen in unserer Gegenwart sind in diesem Lichte zu interpretieren.

zu (c): Die Forderung nach Verteilungsgerechtigkeit richtet sich nicht nur gegen Ungleichheiten zwischen den sozialen Schichten (beispielsweise den Unternehmern und Arbeitnehmern), sondern auch auf Ungleichheiten innerhalb der jeweiligen Schichten (beispielsweise innerhalb der Arbeitnehmerschaft). Letztere ist sogar praktisch bedeutsamer, was unter anderem damit erklärt werden kann, daß gegenüber Mitgliedern der eigenen sozialen Schicht die Beurteilungsmaßstäbe von „gleicher Leistung" subjektiv eindeutiger und nachvollziehbarer sind als gegenüber anderen (unbekannteren oder dem Beurteilenden fremderen) sozialen Schichten. Am sichtbarsten und auch am leichtesten durchsetzbar wird die Forderung nach Verteilungsgerechtigkeit — ausgehend von einem Status quo der Verteilung — in der Form *gleicher Einkommenszuwachsraten.*
Der angesprochene Nivellierungsprozeß vollzieht sich daher in der Praxis auch weniger in der Form direkter grösserer Umverteilungsaktionen zu einem Zeitpunkt, als in dieser Form (beispielsweise gleicher Lohnzuwachsraten bei einem Tarifabschluß).

zu (d): Die Durchsetzung gleicher Einkommenszuwachsraten innerhalb einer sozialen Schicht oder Gruppe bzw. in einem gesellschaftlichen Bereich wird stark begünstigt und letztlich auch erst dann möglich, wenn sich die Schicht- oder Gruppenmitglieder *organisieren* und ihre Interessen kollektiv — wie in den Tarifverhandlungen zwischen Arbeitgebern und Arbeitnehmern — durchzusetzen versuchen. Die zunehmende Organisierung der einzelnen Schicht-/Gruppenmitglieder, von den Arbeitnehmern und Arbeitgebern bis zu den Rentnern und Kriegsopfern, in eigenen Verbänden mit politischer Lobbytätigkeit hat die organisatorischen Voraussetzungen für den heute sichtbaren Verteilungsprozeß geschaffen, in dem sich die eine Gruppe in ihren Forderungen an den Einkommenszuwächsen von Vergleichsgruppen orientiert.

Um es uns noch einmal zu vergegenwärtigen:
Die *Ursache* der *„Anspruchsinflation'* wird üblicherweise im allgemeinen Wertewandel (manche sagen zutreffend auch „Werteverfall") unserer Gesellschaft, in der Auflösung früherer Traditionen und den daraus entstandenen „rein" einkommensorientierten Verhaltensweisen gesehen, verbunden mit einem zunehmenden Gleichheitsstreben. Die Ursache der ‚Anspruchsinflation' geht also weiter zurück als bis ins Jahr 1969, dem Jahr des Beginns der sozialliberalen Koalition in der Bundesrepublik, wo manche deutsche Politinterpreten heute die Wurzel für alles Negative sehen. Auch in den vielgerühmten 50er und 60er Jahren war das Anspruchsverhalten schon verbreitet. Nur macht es sich eben erst dann negativ bemerkbar, wenn wirtschaftliche Krisenprozesse, nämlich ein Rückgang des Wirtschaftswachstums und der (Voll-) Beschäftigung – wie nicht nur in der Bundesrepublik seit Mitte der 60er Jahre zunehmend bemerkbar – den Verteilungsspielraum immer stärker einschränken. Die wahre Ursache der ‚Anspruchsinflation' liegt also, um es zu wiederholen, in den beschriebenen sozialen Struktur- und Werteänderungen, die seit vielen Jahrzehnten fortschreiten.

Die einzige Möglichkeit zur Überwindung einer permanenten Anpruchsinflation sehen deshalb viele – vorwiegend konservative Zeitgenossen – in einer Rückbesinnung auf alte Werte und Tugenden wie Fleiß, Verzicht, Dienen, Pflichtbewußtsein und Bescheidenheit.

Der Haken dieser „Rückbesinnungs"forderung liegt allerdings darin: Lassen sich diese alten Werte und Tugenden wieder „herbeireden" oder durch „Besinnung" zurückzaubern? Das Problem besteht doch darin, daß wir mit unserer Wirtschaftsordung in den letzten zwei Jahrhunderten ein beispielloses Wirtschaftswachstum hervorgebracht haben. Das ging nicht ohne soziale „Verwerfungen" (genauso wenig wie ohne ökologische Verwerfungen) vonstatten. Der Durchbruch dieser Wirtschaftsordnung und mit ihm die Wachstumsexplosion war doch nur möglich unter – vereinfacht gesagt – „Ummodellierung" der darin lebenden Menschen. Es entstanden rein konsum- und einkommensorientierte Menschen. Ohne eine Konsumorientierung läßt sich ein solcher Wachs-

tumsprozeß nicht realisieren. „Wachstumsprozeß realisieren" heißt
nämlich, die immerzu wachsenden Gütermenen absetzen, ver-
kaufen zu können. Nur wenn die Menschen bereit sind entsprechend zu konsumieren, können immer mehr Güter umgesetzt werden und funktioniert eine solche auf Wachstum bauende Wirtschaft.

Dabei ist die komplementäre Einkommensorientierung der
Menschen zu diesem Wachstumsprozeß notwendig, da nur dadurch gesichert ist, daß die Menschen auch ihre Arbeitskraft dauernd (d.h. insbesondere: über die Zeit hinweg, die sie eigentlich
zum nur „guten" Überleben zu arbeiten bräuchten) zur Verfügung
stellen, wenn notwendig Überstunden machen oder Nebenbeschäf-
tigungen eingehen, sich einer gesundheitsschädigenden, aber wachs-
tumsfördernden Arbeitsorganisation wie der Akkordarbeit unterwerfen und einem dauernden Leistungsdruck und Konkurrenz-
kampf mit ihren Mitmenschen, wenn auch „klagend", unterwerfen.

Es wäre schon eine an Dummheit grenzende Illusion zu glauben, eine auf diesen Fundamenten aufbauende Wirtschaftsordnung bewahren und gleichzeitig die geschichtliche „Uhr" zu einer
vergangenen oder anderen Welt der nicht-materiellen Werte und
Tugenden zurück- oder vordrehen zu können. Unsere augenblickliche Wirtschaftsordnung ist ebenso stark an den heutigen konsum-
und einkommensorientierten Menschen gebunden, wie die Durchsetzung neuer (alter) Werte und Tugenden eine neue Wirtschaftsordnung voraussetzen würde.

Das Konzept der „Anspruchsinflation" ist, soweit es bisher geschildert worden ist, eine sehr allgemeine, eigentlich schon eine *zu*
allgemeine Erklärung, um mit ihr noch viel bei der konkreten Betrachtung von Inflationen anfangen zu können. Ich werde deshalb
in den restlichen Abschnitten dieses Kapitels den Inflationsprozeß
unter Verwendung der Grundgedanken der ‚Anspruchsinflation'
näher und konkreter fassen. Ihnen dürften dann auch, hoffe ich,
die Zusammenhänge (noch) klarer werden als bisher.

Gleichzeitig werde ich Ihnen auch eine *strukturelle* (auf system-
endogenen Entscheidungsstrukturen beruhende) Erklärung des Inflationsprozesses darlegen, die zeigt, daß die Wirtschaftssubjekte
oder sozialen Gruppen — auch wenn sie stabilitätsbewußt handeln
wollten — aufgrund fehlender gesellschaftlicher Abstimmungsinstanzen gezwungen sind, den Inflationsprozeß in Gang zu halten.
Der Inflationsprozeß wird so als Ergebnis eines allgemeinen Ent-
scheidungsdilemmas, oder anders ausgedrückt: fehlender gemein-
schaftlicher Planungs- oder Abstimmungsinstanzen beschrieben.

Dafür ist es aber notwendig, zunächst die Ausgangs- oder Handlungssituation der am Inflationsprozeß Beteiligten zu erläutern.

2.3 Die Einkommensverteilungssituation

2.3.1 Die Akteure im Verteilungskonflikt

Wir hatten ja die Akteure im Inflationsbildungsprozeß (man kann allgemeiner auch sagen: im *Verteilungsprozeß* der produzierten Güter und Einkommen) schon im Abschnitt über die „Anbieterinflation" kurz kennengelernt.

Es sind dies:
— die **Unternehmer** oder **Unternehmungen,**[1])
— die privaten Haushalte bzw. speziell die **Arbeitnehmer,**
— der **Staat** einschließlich der öffentlichen Unternehmungen und
— das **Ausland.**

Im folgenden wird die Ausgangslage der Akteure im Verteilungsprozeß beschrieben.

Die Unternehmungen:

Das Hauptziel der privaten Unternehmer- oder Unternehmungstätigkeit ist die Erzielung von **Gewinnen.** Die Investitionstätigkeit der Unternehmungen ist davon abhängig und darauf fixiert. Und zwar werden die Unternehmungen in der Regel nur dann investieren, wenn sie erwarten können, daß sie dadurch mehr gewinnen als beispielsweise durch eine Anlage ihres Kapitals in Wertpapieren.

$$\text{Gewinne} = \overbrace{\text{Verkaufte Güter} \times \text{deren Preise}}^{\text{Umsatz}} - \text{anfallende Kosten}$$

Auf die Größen „verkaufte Güter" und „anfallende Kosten" haben die Unternehmungen keinen direkten Einfluß. Ihre strategische — autonome — *Einflußgröße* ist der *Preis,* d.h. die Preissetzung. Dabei ist zu berücksichtigen, daß für die meisten Güter gilt: je höher der Preis, um so geringer die Verkaufsmenge.

Die Arbeitnehmer:

Das Hauptziel der Arbeitnehmer ist die Erzielung von Einkommen, um ihr Leben gestalten zu können.

---

[1]) Beide Begriffe werden hier synonym gebraucht. „Unternehmer" wird also immer verstanden als Funktionsträger der Unternehmungsführung. Unter „Unternehmer" werden hier auch die ‚freien Berufe' subsumiert. Soweit nicht anderes hinzugefügt wird, sind unter „Unternehmungen" immer private Unternehmungen (Unternehmen) zu verstehen.

Ihre strategische Größe ist der *Lohn*. Für die übrigen *Nicht-Ar-beitnehmer-Haushalte* (Rentner, Sozialhilfeempfänger usw.) gilt Ähnliches: auch für sie ist *Einkommen* die Zielgröße. Allerdings besitzen sie keine eigene „strategische" Einflußgröße auf den Verteilungsprozeß. Stattdessen ist üblicherweise ihr „Transfereinkommen" gekoppelt an die Entwicklung der Lohneinkommen.

Der Staat:

Um die ihm übertragenen Aufgaben ausführen zu können, benötigt der Staat Einnahmen. Seine strategischen Einflußgrößen im Verteilungsprozeß sind die *Steuern* und die Abgabenpreise für öffentliche Güter (insbesondere von staatlichen Dienstleistungsunternehmen).

Das Ausland:

Das Hauptziel des Auslands – im internationalen Verteilungsprozeß – ist die Verbesserung der *terms of trade* (d.h. des Verhältnisses der Preise von Export- und Importgütern). Seine strategische Größe zur Verbesserung dieser Preisrelation ist die Erhöhung der Preise für die Exportgüter. (Beispiel: OPEC-Staaten; Erhöhung des Preises für ihr Exportgut „Erdöl".)

Zur Veranschaulichung sind die einzelnen Entscheidungsparameter im Schema 1 nochmals aufgeführt:

Schema 1: **Die Verteilungsausgangslage**

Akteure	Zielkategorie	strategische Einflußgröße
private Unternehmungen	Gewinn	Verkaufspreis
Arbeitnehmer	Lohneinkommen	Lohn
Staat	Haushaltsbudget (Staatseinnahmen)	Steuern, Preis für öffentliche Güter
Ausland	Terms of Trade	Exportgüter-Preis

2.3.2 Die Einkommensforderungsstruktur

Die Einkommensansprüche oder -forderungen der einzelnen Akteure setzen sich in der Praxis wie folgt zusammen:

Die Unternehmungen

Wie durch viele empirische Untersuchungen der letzten 10, 15 Jahre bestätigt wird, bilden sich die Einkommensforderungen der Mehrzahl der privaten Unternehmungen in den entwickelten Industrieländern (auf Ausnahmen `werde ich in Punkt 2.5 eingehen) nach folgendem Schema:

(1) Erstmal müssen alle anfallenden Kosten „aufgefangen" werden, angefangen von den Lohnkosten bis zu den Importkosten und den Produktionssteuern (das sind die Mehrwertsteuer, die Verbrauchssteuern wie Tabak- und Mineralölsteuer usw., die Gewerbesteuer — die alle vor Ermittlung des einkommenssteuerpflichtigen Gewinnes von den Einnahmen abgezogen werden). Für die *Preisbildung* heißt dies, daß die Stückkosten vom Preis abgedeckt werden müssen. Wir hatten dies ja schon im Abschnitt 1.2 bei der Beschreibung einer „Kostendruckinflation" näher erläutert. Dabei werden in der Regel bei der Preisbildung die durchschnittlichen Stückkosten während eines Zeitraums zugrundegelegt. Dies geschieht deswegen, weil

— die Unternehmungen nicht andauernd ihre Preise verändern wollen. Häufige Preisänderungen in der Wirtschaft erschweren und verunsichern die Planung, sowohl bei den Unternehmungen als auch bei den Haushalten, und sie kosten auch etwas (neue Preislisten, neue Umschilderungen etc.),
— aber andererseits die tatsächlichen Stückkosten laufend schwanken. Die Auslastung der Produktionskapazitäten eines Unternehmens bleibt ja nicht dauernd gleich, sondern schwankt mit der Nachfrage (global gesagt: mit der Konjunkturlage); dagegen bleibt aber zumindest ein gewisser Anteil der Kosten immer gleich hoch, und zwar die sog. „Fixkosten": das sind die Kosten für die Wartung und Abschreibung von Maschinenanlagen, Gebäuden, für die Bezahlung des Stammpersonals u.ä. Das bedeutet aber, in Zeiten der *Unter*auslastung der Produktionskapazitäten sind die Stückkosten höher als bei „normaler" Auslastung, da diese Fixkosten auch bei geringer produzierter Stückzahl unvermindert anfallen. Genauso sind die Stückkosten bei *Über*auslastung der Produktionskapazitäten höher als bei „normaler"Auslastung, da dann die Maschinen nicht mehr so wirtschaftlich „gefahren" werden können und zudem höhere Überstundenzuschläge etc. bezahlt werden müssen.

(2) Neben diesem Kostenausgleich wollen die privaten Unternehmungen, wie oben schon gesagt wurde, einen **Gewinn** erzielen. Diese Gewinnforderung wird in der Preissetzung kalkuliert als ein bestimmter (prozentualer) **Aufschlagssatz** auf die durchschnittlichen Stückkosten.

Die Höhe dieses Gewinnaufschlagssatzes ist abhängig von
- der längerfristig angestrebten Eigenkapitalverzinsung,
- der Marktlage,
- dem vorauszusehenden Kapitalbedarf für weitere Investitionen,
- der Marktmacht des Unternehmens,
- den branchenüblichen Erfahrungen und Besonderheiten.

Die Arbeitnehmer

Die Lohnforderungen der Arbeitnehmer sind vor allem durch das Ziel bestimmt, ihr Real-Einkommen zu verbessern oder wenigstens zu erhalten.

Konkret gesagt, bilden sich die *Lohnforderungen* der Arbeitnehmer bzw. der Gewerkschaften als ihre Verhandlungsträger nach folgendem Muster:

(1) Ausgleich der Arbeitsproduktivitätsfortschritte,
(2) Ausgleich der Verteuerung der Lebenshaltung,
(3) Ausgleich der Einkommensverluste, die ihnen durch einen Anstieg der Steuerprogression entstanden sind.
(4) Verbesserung der Verteilungsposition, das bedeutet einen Lohnanstieg über den einfachen „Ausgleich" hinaus.

Da die *realisierten* Größen nicht automatisch den Lohnforderungen entsprechen, sondern in Tarifverhandlungen mit den Unternehmern vereinbart werden, lassen sich die Lohnforderungen nur zum Teil durchsetzen.

Der Staat

Die Einnahmenforderungen des Staates sind schwer nach einem solch allgemeinen (durchgehenden) Muster zu bestimmen. Sie hängen im wesentlichen und mehr pragmatisch von den laufenden und stoßweise anfallenden Verpflichtungen ab, die der Staat eingegangen ist bzw. eingehen muß.

Unter die **laufenden Verpflichtungen** fallen
- Rentenzahlungen, Erhaltung bestimmter Einrichtungen wie Schulen, Krankenhäuser usw.,
- Aufrechterhaltung der militärischen Sicherheit, usw.

Unter die **stoßweise anfallenden Verpflichtungen** sind zu rechnen
- Hilfe bei Katastrophenfällen,
- kurzfristig eingegangene internationale Verpflichtungen,
- Finanzierung von Arbeitslosen bzw. Finanzierung von Konjunkturprogrammen, usw.

Während früher der Staat sich selbst an den Grundsatz eines *„ausgeglichenen Budgets"* band, ist dies heute nicht mehr so eng zu sehen. Kurzfristige Schwankungen der Staatsausgaben können und werden heute in der Regel über eine (vorübergehende) Erhöhung der Staatsverschuldung finanziert werden. Bei längerfristig stärker steigenden Verpflichtungen sind diese allerdings nur mehr über steigende Steuerlasten und steigende Abgabepreise für öffentliche Güter zu finanzieren — will man nicht die Staatsverschuldung ins Uferlose ausdehnen bzw. die Geldmaschinerie (wie in Kriegszeiten) immer mehr anheizen.

Das Ausland

Auch beim Ausland sind solch detaillierte Forderungskriterien wie bei den Unternehmungen und den Arbeitnehmern nicht angebbar. Die Forderungen des Auslands richten sich allgemein auf höhere Abnahmepreise für ihre Exportprodukte, und auf niedrigere (oder auch Null-)Preise für ihre Importgüter. („Null-Preise" für Importgüter bedeutet nichts anderes als unentgeltliche Entwicklungshilfe.)

Schema 2: Die Einkommensanspruchsstruktur

Akteure	Einkommensansprüche	
Unternehmungen	Preisforderung = durchschnittliche Stückkosten + Gewinnaufschlag	A B
Arbeitnehmer (Gewerkschaften)	Lohnforderung = bisheriger Lohn + Ausgleich der Arbeitsproduktivitätsfortschritte + Ausgleich der Verteuerung der Lebenshaltung + Ausgleich der Verluste durch einen inflationsbedingten Anstieg in der Steuerprogression + Verbesserung der Verteilungsposition	C D E F G
Staat	Forderung nach Finanzierung der auferlegten Pflichten	H
Ausland	a) Forderung niedrigerer oder „Null"-Preise für Importgüter (Entwicklungshilfe) b) Forderung höherer Abnahmepreise für Exportgüter	I J

2.4 Der Inflationsprozeß

Wenn Sie sich das Schema 2 genau ansehen, werden Sie merken, wie der Inflationsprozeß bei uns abläuft. Spezifische Erklärungen wie „Nachfrageinflation", „Anbieterinflation" oder „im-

portierte Inflation" sind zur Erklärung des Inflationsprozesses
völlig belanglos. Der Inflationsprozeß wird durch die gegebene Einkommensanspruchsstruktur an sich schon erklärt.

Entscheidend sind die beiden Einkommensanspruchsstrukturen von Unternehmungen und Arbeitnehmern. Beide gewährleisten einen stetigen Preisniveauanstieg. Ein einziger, x-beliebiger Preisniveauanstoß genügt dazu.

Ich werde diesen im Schema 2 aufgezeigten Prozeß im folgenden näher erläutern:

Wir brauchen dabei gar nicht — wie bei der Anbieterinflation — auf Umverteilungsanstrengungen der Anbieter abzustellen. Im Prinzip läßt sich sogar der Inflationsanstoß — ohne eine der im 1. Teil beschriebenen Mechanismen — aus der Anspruchsstruktur ableiten.

Man braucht dazu nur anzunehmen, daß die Arbeitnehmer (Gewerkschaften) bei ihren Lohnforderungen von den realisierten *durchschnittlichen* Arbeitsproduktivitätsfortschritten in der Volkswirtschaft ausgehen. (In der Realität werden sie sich sogar an den Branchen mit überdurchschnittlichen Arbeitsproduktivitätsfortschritten zu orientieren suchen.) Was heißt das für den Preisbildungsprozeß?

Stellen Sie sich einmal folgenden Fall vor: In der Ausgangslage herrscht noch keine Inflation. Es herrscht auch keine Übernachfrage auf den Gütermärkten. Und die Akteure im Verteilungsprozeß wollen auch keine Verbesserung ihrer Verteilungsposition erreichen. Selbst die Ölscheichs sind friedlich. In allen Branchen werden die Löhne um die Rate des durchschnittlichen Anstiegs der Arbeitsproduktivität erhöht. Das durchschnittliche Preisniveau (der Preisindex) des Bruttosozialprodukts bleibt dann gleich. Die Konsumgüterindustrie hat jedoch nur *unter*durchschnittliche Arbeitsproduktivitätsfortschritte zu verzeichnen gehabt. (Die tatsächlichen Arbeitsproduktivitätsfortschritte sind ja nicht in allen Branchen gleich hoch.) Dann steigen in der Konsumgüterindustrie die Stückkosten. Die Unternehmungen werden diese gestiegenen Stückkosten auf die Preise überwälzen, so, daß die *Konsumgüterpreise* steigen. Gleichzeitig sinken zwar die Stückkosten in anderen Branchen, in denen die Arbeitsproduktivitätsfortschritte *über*durchschnittlich hoch waren, und dementsprechend auch die Preise dieser Güter. Die Arbeitnehmer (Gewerkschaften) werden sich aber in der nächsten Lohnrunde alle an den gestiegenen *Konsumgüterpreisen* (an dem für sie wichtigen Preisindex) orientieren und einen Ausgleich für die Verteuerung der Lebenshaltung verlangen. Wenn sie ihre Forderungen durchsetzen können, erhöhen sich dann für *alle* Unternehmungen die Stückkosten, was diese wieder auf die Preise überwälzen, usw.

Soweit zu unserem theoretischen, aber gar nicht so unrealistischen Fall. Ich wollte Ihnen damit nur zeigen, daß weder eine Übernachfragesituation, noch ein „aggressives" Streben der Akteure nach Verteilungsverbesserung Voraussetzung für einen Inflationsanstoß zu sein braucht.

Überhaupt sollte man gar nicht so viel Wert auf den Inflations*anstoß* legen. Der Inflationsanstoß ist ja nur eine einmalige oder kurzfristige Preisniveauerhöhung, die oft auch beim besten Willen nicht vermeidbar ist. Eine Preisniveauerhöhung kann auch durch den Anstieg einzelner Güterpreise entstehen, vielleicht durch eine Mißernte oder sonst etwas. Zudem sind die Anstöße meist auch gar nicht ausmachbar, da sie sich oft überlagern bzw. man Ursache und Wirkung im nachhinein selten eindeutig unterscheiden kann. (Dies ist wie mit dem „Henne-Ei-Problem": Was war zuerst da, die Henne oder das Ei?) Das Problem ist ja nicht, daß das Preisniveau ein oder ein paar Mal steigt (auch nicht, wenn dies durch einmalige Umverteilungsaktionen verursacht würde), *sondern daß es nicht dabei bleibt.* Dies aber kann man anhand von Schema 2 der Einkommensforderungsstruktur sinnvoll erklären. Die im 1. Teil dieses Kapitels geschilderten Erklärungsmuster von der Nachfrage- bis zur Geldmengeninflation sind nur *Spezialfälle* und treffen nicht die heutige Situation permanenter Inflationsprozesse.

Zur Erläuterung des Inflationsmechanismus möchte ich Ihnen noch ein paar typische Beispiele anführen.

Beispiel 1: Ausgangspunkt: Die OPEC-Staaten erhöhen den Erdölpreis (Zeile J). Was bedeutet dies nach unserem Schema? Nun, erstmal bedeutet das für die Unternehmungen, die Erdöl als Rohstoff für ihre Produktion benötigen, daß die *Stückkosten steigen* (Zeile A). Diese Unternehmungen werden deshalb ihre *Verkaufspreise erhöhen.* Wenn unter den Gütern, deren Preise erhöht worden sind, auch solche sind, die im *Warenkorb* der Arbeitnehmerhaushalte enthalten sind (und davon ist auszugehen, denn Erdöl ist Grundstoff für viele Produkte), so verlangen die Arbeitnehmer in den nächsten Tarifverhandlungen einen Ausgleich für die dadurch entstandene Verteuerung ihrer Lebenshaltung (Zeile E). Die realisierten Teuerungszuschläge erhöhen nun die Stückkosten *aller* Unternehmen (A), die daraufhin in entsprechendem Umfang ihre Preise erhöhen. Vielleicht nützen manche Unternehmungen die Gunst der Stunde und erhöhen auch ihren Gewinnaufschlagssatz (Zeile B), wie es augenscheinlich die Ölkonzerne bei den Benzinpreisen in den letzten Jahren häufiger gemacht haben. In die-

sem Fall steigt der Preis überproportional stark. Die Arbeitnehmer
werden in der nächsten Tarifrunde wieder nachziehen (E). Die Arbeitnehmer werden mit der Zeit auch merken, daß sie durch die Erhöhung ihrer *Geld*einkommen (die kaufkraftmäßig nicht mehr wert sind als vorher) in eine höhere Steuerprogression geraten sind. (Die Steuerprogression orientiert sich ja nur an *Geld*einkommen.) Dementsprechend werden die Arbeitnehmer — siehe Schema 2, Zeile F — einen Ausgleich für die Einkommensverluste, die ihnen durch die inflationsbedingte Steuerprogression entstanden sind, fordern. Auch dieser von den Unternehmungen zu tragende Teuerungsausgleich wird die Stückkosten erhöhen (A) und weitere Preissteigerungen veranlassen. Die **Preis-Lohn-Preis-Spirale** dreht sich so immer weiter.

Beispiel 2: Ausgangspunkt: Der Staat erhöht die Mehrwertsteuer (Zeile H). Hintergrund mögen die zunehmenden Lasten der Finanzierung einer steigenden Arbeitslosenzahl, der Energieversorgung, von Umweltschutzvorkehrungen oder auch einer umfangreicheren Entwicklungshilfe sein. Was ist die Folge? Die Lebenshaltungskosten der Arbeitnehmerhaushalte steigen, was die Arbeitnehmer veranlaßt, bei der nächsten Tarifrunde einen Teuerungsausgleich zu fordern (E). Die Stückkosten der Unternehmungen steigen (A), was zu höheren Preisen führt usw.

Beispiel 3: Ausgangspunkt: Die Unternehmungen erhöhen (einmalig) ihren Gewinnaufschlagssatz (Zeile B). Hintergrund mag sein, daß sie gewisse Zukunftsinvestitionen — unabhängiger von Banken — finanzieren wollen. Die Finanzierung über Bankkredite bringt für die Unternehmer ja immer eine gewisse Einflußnahme der Banken auf ihre Entscheidungsfreiheit mit sich.

Sind dadurch auch Güter im Warenkorb der Arbeitnehmerhaushalte betroffen — wegen der starken inneren Verflechtung der Wirtschaft zwischen den Branchen sind sie das in der Regel immer —, so führt dies wieder zur Forderung eines Teuerungsausgleichs durch Arbeitnehmer (E) und dann, wegen des Stückkostenanstiegs (A), zu Preiserhöhungen der Unternehmungen usw.

Entsprechend läuft der Prozeß in

Beispiel 4: Ausgangspunkt: Die Arbeitnehmer wollen ihre Verteilungsposition verbessern (Zeile G). Möglicher Hintergrund: Empfundener „Nachholbedarf", vorhergehende Umverteilung zu Ungunsten der Arbeitnehmer. Folge: Steigende Stückkosten bei den Unternehmungen (A), steigende Preise; Teuerungsausgleich (E), eventuell auch für Steuerprogressionsverluste (F); zunehmende

Sie haben inzwischen die neuralgischen, entscheidenden Stellen schon erkannt, die einen Inflationsprozeß in Gang setzen und in Gang halten. Es sind dies die in den Zeilen A, E und F des Schemas 2 festgehaltenen *Verhaltensstrukturen: einmal* die Überwälzung der durchschnittlichen Stückkosten bei den Unternehmungen und *zum anderen* der geforderte Teuerungsausgleich bei den Arbeitnehmern. Beides garantiert *im Zusammenspiel* das Andauern eines Inflationsprozesses. „Aggressive" Verteilungskonflikte sind gar nicht notwendig. Allerdings sind die angesprochenen Verhaltensstrukturen Ausdruck des *beiderseitigen Versuchs, eine einmal zustandegekommene Verteilungsposition zu bewahren.*

2.5 Die Rationalität des Anspruchsverhaltens

Wieso — fragt der gesunde Menschenverstand — muß dieser „Preisanstieg-Lohnanstieg-Preisanstieg-Prozeß" immer weitergehen? Wieso einigt man sich nicht zwischen den Beteiligten darauf, dieses volkswirtschaftlich unsinnige und schädliche „Spiel" zu unterlassen, da es doch augenscheinlich keinem etwas bringt? Die anderen ziehen ja sofort immer wieder nach.

Dies hatte sich auch der oben schon einmal erwähnte „Sachverständigenrat zur Begutachtung der gesamtwirtschaftlichen Entwicklung" gefragt. Und er hatte in diesem Zusammenhang schon öfters den Vorschlag gemacht, die Akteure im Verteilungsprozeß sollten sich zusammensetzen und im Zuge eines „Sozialen Konsenses" den Inflationsprozeß verhindern. Auch die berühmte „Konzertierte Aktion"[1]) — an die Sie sich vielleicht noch erinnern — war deshalb in den 60er Jahren gebildet worden, um wirtschaftliche Krisenerscheinungen am „grünen Tisch" zwischen den gesellschaftlichen Gruppen durch die Form eines „sozialen Konsenses" von vornherein zu vermeiden.

Dieser Vorschlag eines *sozialen Konsenses* hört sich auch sehr gut an, und man ist geneigt auszurufen: Ja genau, das ist es! Aber ist das wirklich die Lösung? Oder anders gefragt: Kann ein solcher

---

[1]) Die „Konzertierte Aktion" war ein im Stabilitätsgesetz von 1967 verankertes *informelles Gremium* von Vertretern der Tarifpartner und der staatlichen Wirtschaftspolitik mit dem *Ziel eines abgestimmten stabilitätsgerechten Verhaltens* im Bereich der Konjunktur- und speziell der Einkommenspolitik. Dieses Gremium tagte auch unter der Leitung des Bundeswirtschaftsministers in mehr oder weniger regelmäßigen Abständen seit 1967, bis 1977 die Gewerkschaften als Reaktion auf die Klage vor dem Bundesverfassungsgericht der Arbeitgeber in der Mitbestimmungsfrage die „Konzertierte Aktion" „auffliegen" ließen.

sozialer Konsens gelingen und den Inflationsprozeß (die Durchsetzung der oben charakterisierten, eingespielten Verhaltensstrukturen) verhindern?

Ich möchte Ihnen im folgenden zeigen, warum ein solcher „sozialer Konsens" unter den gegebenen Bedingungen utopisch ist.

Wie könnte oder müßte denn ein solcher „sozialer Konsens" aussehen? Nun, die Tarifparteien müßten sich eben, am besten auch mit den Vertretern der staatlichen Wirtschaftspolitik, zusammensetzen und die Weichen der zukünftigen Einkommens- und Verteilungspolitik in einem Prozeß gegenseitigen („diskursiven") Überzeugens aushandeln, und zu einem Verhandlungsergebnis kommen, das die jeweiligen Einkommensansprüche auf das Niveau der realen Produktion beschränkt. Dem Inflationsprozeß wäre so die Grundlage entzogen.

Konkret müßte das Verhandlungsergebnis oder der soziale Konsens beinhalten, daß Löhne und Preise (Gewinne) nur mehr vom Produktivitätszuwachs bestimmt werden.

Woran wird ein solcher *Konsens* scheitern?

Ein solcher Konsens wird in der Regel nicht zustandekommen, und zwar aus folgenden Gründen: ein Konsens kann nur gelingen, wenn die Verhandlungspartner sich darauf verlassen können, daß sich der andere auch an die Abmachung hält. Für beide muß also eine Garantie oder ein Sanktionsmechanismus vorhanden sein, daß die Verabredung eingehalten wird. Dies ist zumindest für die Arbeitnehmer (Gewerkschaften) nicht gegeben. Zwar werden die Löhne als strategische Größe des Arbeitnehmereinkommens in Tarif-Verhandlungen vertraglich vereinbart. Aber die Festlegung der *Preise* ist und bleibt alleinige Sache der Unternehmungen. Die Unternehmungen können wohl in der „Konsens-Runde", den Tarifverhandlungen, versprechen, die Preise nicht zu erhöhen, aber eine Garantie haben die Gewerkschaften nicht. Insofern ist es für die Gewerkschaften viel zu riskant, auf dieses ungleiche Spiel einzugehen. Wenn sie sich darauf einlassen, und die Unternehmungen halten sich nicht an die Abmachung, wird sich ihre Verteilungsposition jedesmal verschlechtern.

Es ist nämlich davon auszugehen, daß sich zumindest einzelne Unternehmungen nicht an die Abmachung ihres vertragsschließenden Unternehmerverbandes halten. Dies hat nichts mit Böswilligkeit zu tun, sondern ist rationales einzelwirtschaftliches Verhalten nach den Spielregeln des marktwirtschaftlichen Systems. Nach diesen Spielregeln ist jede Unternehmung *gezwungen,* alle sich ihr auf dem Markt bietenden Chancen der Preiserhöhung zu nutzen, will sie sich auf dem Markt behaupten. Nutzt sie sie nicht, aber ihre Konkurrenten nutzen sie, so ist sie die Verliererin. Das sind die Spielregeln, wie sie schon *Adam Smith* (1723–1790), der Stammvater der marktwirtschaftlichen Theorie, eindeutig formuliert hat. Der wesentliche Vorteil der Marktwirtschaft liegt nach *Adam Smith* darin, daß dadurch das Gemeinwohl am meisten gefördert wird, daß die einzelnen Marktteilnehmer – nur auf ihr jeweiliges **Eigeninteresse** gestützt und unabhängig vom Wohlwollen anderer – ihren *individuellen* Nutzen maximieren.

Die Voraussetzung dafür ist, daß die Preise *privat* und *dezentral* bestimmt werden. „Privat" heißt, die Entscheidung über die Preisbestimmung wird von Einzelunternehmungen nur mit Rücksicht auf ihre eigene Gewinn- und Verlustrechnung getroffen. Und „dezentral" bedeutet, daß es keine bestimmte Zentrale (z.B. irgendeine zentrale Preisbehörde) gibt, die die Entscheidung der Einzelunternehmung lenkt. Jeder Anbieter muß also den Preis seines Gutes setzen, ohne sich auf eine gemeinsame verbindliche Absprache über alle Preise zu stützen.

Dies schließt in der Praxis nicht aus, daß sich die Anbieter in einer Branche bei ihren Preisfestsetzungen *absprechen*, doch geschieht das nur, weil dadurch jeder Einzelne seinen *individuellen* Gewinn noch steigern kann. (Eine vertragliche Garantie bezüglich des Preisverhaltens des anderen hat jedoch hier auch keiner.) Dagegen ist eine konzertierte Aktion des *Verzichts* auf Gewinnchancen nicht denkbar. Denn es ist ja gerade der Clou des marktwirtschaftlichen Systemgedankens, daß auf das Gemeinwohl vom Einzelnen nicht Rücksicht genommen zu werden braucht, und trotzdem bzw. eben dadurch das Gemeinwohl am meisten gefördert wird. Wenn nun die (durch Wirtschaftskonzentrationsbewegungen durchzogene) Praxis zeigt, daß letzteres doch nicht ganz zutrifft, sondern nicht eingeplante gesamtwirtschaftliche Stör-Phänomene wie Inflation auftreten, kann deswegen der einzelne Marktteilnehmer noch lange nicht ungestraft den Systemregeln entgegenhandeln. Die Strafe erfolgt durch den Markt in Form von Einkommens- oder Verteilungsverlusten.

Dies betrifft auch die *Arbeitnehmer* als Teilnehmer am Arbeitsmarkt. Wenn sie nicht andauernd jede für sie günstige Einkommenssituation ausnützen, d.h. die Möglichkeiten ihrer Tarifautonomie voll ausschöpfen, werden sie – den Marktspielregeln entsprechend – Einkommens- und Verteilungsverluste hinnehmen müssen. Insofern mutet auch der vom „Sachverständigenrat" an die Gewerkschaften gerichtete Vorschlag, einseitig auf ihre strategische „Waffe" der Forderung nach Teuerungsausgleich in einer Inflation zu verzichten, sehr merkwürdig oder ideologisch an.

Entweder man tritt für die (privatwirtschaftliche Organisation der) Marktwirtschaft ein, und dann ohne unfaire argumentative Manöver; oder man geht davon aus, daß die marktwirtschaftliche Ordnung keine „heilige Kuh" ist, und fordert dann, wenn man den Inflationsprozess unbedingt vermeiden will, konsequenterweise mit der Institutionalisierung eines „sozialen Konsenses" auch die Abschaffung der marktwirtschaftlichen Ordnung in ihrer heutigen, privatkapitalistischen Form.

In einer anderen Wirtschaftsordnung mit *gesamtwirtschaftlichen* Entscheidungsbefugnissen über Löhne *und* Preise wäre dagegen der Inflationsprozeß im Prinzip ohne weiteres vermeidbar. Doch steht dies in den westlichen Industrienationen – aus vielfältigen Gründen, auf die ich im letzten Kapitel noch eingehen werde – nicht zur offiziellen Debatte. Wir werden uns deshalb im folgenden weiter mit dem Inflationsprozeß beschäftigen müssen. Die Möglichkeiten des vorübergehenden „Abwürgens" oder „Zurückdrehens" des in der bestehenden Wirtschaftsordnung nicht ausrottbaren Inflationsprozesses durch staatliche, wirtschaftspolitische Maßnahmen werde ich im 4. Kapitel beschreiben. Die Möglichkeiten (und Nebeneffekte) der Vermeidung von Inflation durch alternative Wirtschaftsorganisationen werden im letzten Kapitel angedeutet.

2.6 Besondere Ausprägungen des Inflationsprozesses

2.6.1 Inflation und Marktlage

Grundlage des Inflationsprozesses sind die gesamtwirtschaftlich konfligierenden Einkommensansprüche der Akteure im Verteilungsprozeß. Inwieweit sich die jeweiligen Forderungen realisieren lassen, hängt jedoch nicht zuletzt von der Marktsituation ab. Man muß davon ausgehen, *daß die oben geschilderten Einkommensansprüche der einzelnen Akteure um so leichter (schwerer) durchsetzbar sind, je günstiger (ungünstiger) die Marktsituation für sie aussieht.*

So können die Gewerkschaften ihre Lohnforderungen in der Situation hoher Arbeitslosigkeit (also eines Überangebots am Arbeitsmarkt) in aller Regel nur zum Teil durchsetzen. Das liegt vor allem daran, daß die „Kampfkraft" der Gewerkschaften in dieser Situation erheblich geschwächt ist. Die Angst, bei „unliebsamem" Verhalten auch entlassen und durch einen der vielen Arbeitslosen, die nur darauf warten, eine Stelle zu bekommen, ersetzt zu werden, hemmt die Bereitschaft der meisten Arbeitnehmer, notfalls auch für die Durchsetzung ihrer Lohnforderungen zu streiken.

Der Inflationsprozeß ist dadurch nicht außer Kraft gesetzt, läuft aber auf einem gemäßigteren Niveau.

Dagegen werden die Gewerkschaften in Zeiten der Vollbeschäftigung ihre Lohnforderungen mit großer Wahrscheinlichkeit durchsetzen können. Die Unternehmungen sind in dieser Übernachfrage-Situation auf dem Arbeitsmarkt auf jeden einzelnen Arbeitnehmer angewiesen, haben also keine Auswahl (Ersatzleute) wie im Falle des Überangebots am Arbeitsmarkt. Die wirtschaftliche Macht der Arbeitnehmer ist dann relativ groß. Die tatsächlich gezahlten Löhne liegen oft sogar noch um einiges höher als die tariflich vereinbarten Löhne. Die Differenz zwischen den tatsächlich gezahlten und den tariflich vereinbarten Löhnen (die ja nur Mindestlöhne darstellen) bezeichnet man auch als „Lohndrift".

Die Bezahlung solch hoher Löhne ist für die Unternehmungen in einer solchen Situation in der Regel auch verhältnismäßig einfach, da eine Vollbeschäftigungssituation auf dem Arbeitsmarkt üblicherweise auch mit einer *Übernachfrage auf dem Gütermarkt* (einer sogenannten Boomsituation) parallel läuft und die Unternehmungen deswegen selbst stark steigende Stückkosten relativ leicht überwälzen können.

Dagegen sind die Überwälzungsmöglichkeiten der Unternehmungen in konjunkturellen Abschwungs- oder **Rezessionsphasen** relativ schlecht. In diesen Situationen des *Überangebots auf den Gütermärkten* kommt es häufiger vor, daß die oder einzelne Unternehmungen — in Rücksicht auf die inländische oder ausländische Konkurrenz — gestiegene Stückkosten nur zum Teil überwälzen können.

Auch hier würde dies bedeuten, daß der Inflationsprozeß langsamer oder gemäßigter abläuft, aber nicht, daß er außer Kraft gesetzt wäre.

2.6.2 Inflation und Marktmacht

Ein anderer Faktor, der den Verlauf des Inflationsprozesses wesentlich mitbeeinflußt, ist die von der Marktform einer Wirtschaft(sbranche) abgeleitete Preis- oder Lohndurchsetzungsmacht der Akteure im Verteilungsprozeß.

In einer Konkurrenzwirtschaft, die durch viele kleine Anbieter (Unternehmungen) mit jeweils relativ geringen Marktanteilen gekennzeichnet ist, verläuft der Lohn- und Preisbildungsprozeß der Tendenz nach ein wenig anders als in einer **Monopol-** oder **Oligopolwirtschaft**, die durch einen bzw. nur wenige Anbieter (Unternehmungen) mit relativ großen Marktanteilen und in der Regel sehr großem gewerkschaftlichen Organisationsgrad der Arbeitnehmer charakterisiert sind.

Während zum Beispiel in einer **Oligopolwirtschaft**, die die typische Marktform in den heutigen entwickelten westlichen Industrienationen darstellt,

- die Gewinnmaximierung der Unternehmungen *langfristig* angelegt ist,
- deshalb auch die Preise nur in größeren zeitlichen Abständen
  verändert werden
- und zwar typischerweise in der oben dargestellten Form der
  administrierten Preis(zusammen)setzung (durchschnittliche
  Stückkostenüberwälzung + Gewinnaufschlag),
- Marktsituationen nur eine relativ geringe Rolle spielen,
- Preis**senkungen** nur relativ selten durchgeführt werden (darin
  zeigt sich auch, daß die Markt-, d.h. die Angebot-Nachfrage-
  Situation für die Preissetzung der Oligopolunternehmen nur
  mehr eine geringe Rolle spielt),
- die Preissetzung wenn nicht in *geheimer Absprache* mit den
  (wenigen) Konkurrenten so doch nach einem eingespielten Ri-
  tual der „*Preisführerschaft*" abläuft,

ist in einer **Konkurrenzwirtschaft** (bzw. in einer konkurrenzwirt-
schaftlich strukturierten Wirtschaftsbranche)

- die Gewinnmaximierung der Unternehmungen *kurzfristig* angelegt;
- die Preise werden deshalb auch häufiger geändert,
- die Preisbildung ist stärker gebunden an die Markt-(Angebot-
  Nachfrage-)Situationen.
- weshalb auch Preis**senkungen** häufiger (als in Oligopolwirtschaften) durchgeführt werden;
- die Preisbildung entspricht eher einer *Anpassung* an den durch
  die Marktsituation zustandegekommenen Marktpreis als einer
  autonomen (durch Abstimmung mit Konkurrenten durch-
  geführten) *Preissetzung*.

Dies bedeutet vor allem, daß in einer Oligopolwirtschaft der Inflationsprozeß tendenziell auf einem höheren Niveau abläuft als in
einer Konkurrenzwirtschaft.

Dies wird noch dadurch verstärkt, daß meist in Oligopolwirtschaften auch der *gewerkschaftliche Organisationsgrad* der Arbeitnehmer höher liegt, was aber heißt, daß die *realisierten Löhne*
(die Durchsetzungsmöglichkeit von Lohnforderungen) im Durchschnitt auch *höher* sein werden. Die Kosten-Überwälzungsmög-
lichkeiten der Unternehmungen in oligopolistischen Wirtschaften
sind wegen der relativen Unabhängigkeit von der Marktlage usw.
größer als in Konkurrenzwirtschaften. Die Oligopolunternehmen

können also die Lohnforderungen der Gewerkschaften eher und schematischer überwälzen – ohne Angst vor Marktanteilsverlusten: Die Konkurrenten ziehen ja mit!

Durch die immer mehr zunehmende Wirtschaftskonzentration in diesem Jahrhundert (besonders seit dem 2. Weltkrieg) werden unsere westlichen Volkswirtschaften immer deutlicher zu *Oligopolwirtschaften*. Dies muß mit als Grund dafür angesehen werden, daß die in den letzten Jahrzehnten erst beobachtbare **Dauerinflation** mit ansteigender Tendenz auftreten kann.

2.6.3 Inflation und technischer Fortschritt

Auch der technische Fortschritt verliert in Oligopolwirtschaften weitgehend seine preis- oder inflationssenkende Wirkung.

„Technischer Fortschritt" ist identisch mit den schon erläuterten Produktivitätsfortschritten: In einer bestimmten Arbeitszeit und/oder mit einer bestimmten Menge Kapital können – durch arbeits- oder kapitalsparende Umorganisationen des Arbeits- und Betriebsprozesses, durch Weiterbildung der Arbeitnehmer und durch Erfindungen – mehr Güter als vorher produziert werden. Das heißt, daß bei gleichem Lohn und gleichem Preis die Stückkosten sinken und damit die Gewinne der Unternehmen steigen.

In einer Konkurrenzwirtschaft führt dies zu einer verstärkten Güterproduktion. Dies hat nicht zuletzt seinen Grund in dem Auftreten neuer Anbieter (Produzenten), die durch die gestiegenen Gewinne angelockt werden. Die dadurch gestiegene Konkurrenz bewirkt dann letztlich eine Preissenkung.

In einer Oligopolwirtschaft dagegen werden die Produktivitätsfortschritte zum Teil in Geldlohnsteigerungen weitergegeben und zum Teil als Gewinne von den Unternehmen einbehalten. Gestiegene Gewinne führen in einer Oligopolwirtschaft nicht notwendig zu einer Angebotsausdehnung an Gütern. Dies läßt sich schon aus der beschriebenen Orientierung der oligopolistischen Unternehmungen an *langfristiger* Gewinnmaximierung ableiten. Zudem ist der Eintritt auf oligopolistischen Märkten für neue Unternehmungen relativ schwierig. Dies liegt einmal an den hohen Kapitalaufwendungen für den Aufbau von Produktionsstätten in den in der Regel kapitalintensiven oligopolistischen Sektoren. (Die Geschichte zeigt, daß der technische Fortschritt selbst immer mehr zu kapitalintensiveren Produktionstechniken geführt hat, die aufgrund des hohen Kapitalbedarfs nur mehr von größeren Unternehmungen betrieben werden konnten.) Zum anderen schützen sich die wenigen Unternehmen in einer Oligopolwirtschaft durch gemeinsames Vorgehen meist erfolgreich gegen neu auftretende Konkur-

renz und damit auch gegen den Zwang zu Preissenkungen. (Dies
ist auch in den jährlichen Berichten der deutschen Monopolkommission, einer staatlichen Behörde zur Untersuchung der Konzentrationsbewegungen in der Bundesrepublik, dokumentiert.)

Vielleicht fragt sich der (die) eine oder andere von Ihnen jetzt, wieso denn dann in einem oligopolistischen Sektor wie der Elektronik die Preise während der letzten beiden Jahrzehnte teilweise beträchtlich gesunken sind?

Dies liegt an einem günstigen Zusammentreffen zweier Faktoren. Einmal ist der technische Fortschritt in diesem Sektor in den letzten Jahrzehnten extrem stark gestiegen (Halbleitertechnologie, Mikroprozessoren). Dies hat die Stückkosten der Unternehmen beträchtlich gesenkt. Zum anderen kam entscheidend hinzu, daß die Preise in diesem Sektor aufgrund der immer stärkeren Konkurrenz kapitalkräftiger japanischer Großunternehmen gesenkt werden *mußten*. Dies ist ein Beispiel für das Wiedererstarken des Preismechanismus bei neu auftretender Konkurrenz, die hier aus dem Ausland kam.

2.7 Selbstbeschleunigung der Inflation?

Zum Schluß dieses Kapitels möchte ich noch auf ein äußerst wichtiges Phänomen des Inflationsprozesses eingehen. Sie kennen sicherlich aus Zeitung, Rundfunk oder Fernsehen die Angst der wirtschaftspolitischen Verantwortlichen vor einer *Selbstbeschleunigung* der Inflation. Die Argumentation lautet meist: Wir müssen frühzeitig der Inflation entgegentreten, bevor sie sich immer mehr ausbreitet. Nicht selten wird dabei auch das Gespenst einer letztlichen Hyperinflation und Währungsreform an die Wand gemalt.

Was steckt nun hinter dieser Angst? Wie kann es passieren, daß eine Inflation sich sozusagen „von selbst" beschleunigt? Betrachten wir uns dazu noch einmal das **Schema** der Struktur der Einkommensforderungen.

Nehmen wir einmal vereinfachend an, die stückkostensenkenden Produktivitätsfortschritte werden alle an die Arbeitnehmer weitergegeben. Das heißt dann, die produktivitätsbedingte Stückkostensenkung wird genau wieder rückgängig gemacht durch die entsprechenden Geldlohnerhöhungen (Zeile D oben). Dieser Vorgang wirkt dann weder inflationserhöhend noch inflationssenkend.

Die *Inflationsbeschleunigungstendenz* muß also dann entweder durch laufende, immer stärkere *Verteilungskämpfe* (Zeilen B und G, H und J) oder durch die Art der Berücksichtigung der Teuerungsrate bei den Lohnforderungen (Zeilen E und F) zustande kommen.

Permanent eskalierende Verteilungskämpfe sind zwar denkbar, aber doch die Ausnahme. Also muß es an der *Art der Berücksichtigung der Teuerungsrate* liegen.

In welcher Form geht denn die Teuerungsrate in die Lohnforderungen der Arbeitnehmer ein? Darüber hatten wir oben noch nichts Genaues gesagt. Man kann sich zumindest die beiden folgenden (in der Realität auch üblichen) Fälle vorstellen:

Fall 1: Die Arbeitnehmer berücksichtigen in ihren Lohnforderungen die Teuerungsrate der vergangenen Periode (während der letzten Tariflaufzeit). Sie fordern also von den Unternehmen einen Ausgleich für den Anstieg der Lebenshaltungskosten während der *abgelaufenen* Tariflaufzeit. Diese Art der Berücksichtigung der Teuerungsrate herrscht insbesondere in Zeiten beginnender Inflation vor, d.h. solange sich die Arbeitnehmer noch nicht an die Erscheinung der Inflation „gewöhnt" haben. Entsprechend der obigen Einkommensforderungsstruktur wird dann, wenn sonst keine Einflüsse auftreten, der Inflationsprozeß *auf gleichem Niveau* aufrechterhalten.

Sobald aber ein gewisser Gewöhnungseffekt an Inflation eingetreten ist, werden die Arbeitnehmer übergehen zum

Fall 2: Sie werden dann nicht mehr nur auf den Ausgleich der Teuerung der Lebenshaltung während der abgelaufenen Tariflaufzeit drängen, sondern die erwartete Teuerung der Lebenshaltung in der *kommenden* (beginnenden) Tariflaufzeit in ihre Lohnforderungen einbeziehen. Sie antizipieren also die Inflationsrate der nächsten Periode in den laufenden Lohnforderungen. Sofern nun die antizipierte oder erwartete Inflationsrate laufend − von Periode zu Periode − höher ist, entsteht dadurch (bei Überwälzung der Lohnsteigerungen durch die Unternehmungen) der Prozeß einer immer *stärker eskalierenden* Inflationsbewegung.

Nun wäre noch die Frage zu klären, wieso denn die Inflationserwartungen immer höher werden sollen.

Am einfachsten und pauschalsten kann man da natürlich antworten, daß die Wirtschaftssubjekte einen in den vergangenen Perioden wahrgenommen (und wer-weiß-wodurch-immer zustandegekommenen) Inflationsanstieg in ihren *Erwartungen* extrapolieren (fortschreiben). Einen solchen Prozeß kann man sich zumindest über eine längere Zeit hinweg vorstellen − vor allem in einer *Boomphase*. Diese Erwartungen selbst produzieren ja immer wieder die höhere Inflationsrate in der nächsten Periode. Das Extrapolierte wird also durch die Extrapolation stetig reproduziert.

So und nur so läßt sich eine Selbstbeschleunigung der Inflation begründen.

Die manchmal vertretene Vorstellung einer permanenten Selbstbeschleunigung der Inflation bis zu einer Hyperinflation und Währungsreform läßt sich allerdings nur dann vertreten, wenn man unterstellt, daß die Wirtschaftssubjekte immer und immer wieder die Teuerung in ihrer Erwartungsbildung unterschätzen, d.h. die tatsächlich eintretende Inflationsrate immerzu *höher* ist als die von den Wirtschaftssubjekten erwartete und in den Lohnforderungen mit einbezogene. Nur dann ist die Vorstellung einer dauernden Anpassung der Inflationserwartungen „nach oben" plausibel. Eine fortwährende Unterschätzung der Inflationsentwicklung ist aber nur bei stetigen und stetig eskalierenden *aggressiven* Verteilungskämpfen möglich — bzw. bei einem stetigen Ankurbeln der Gelddruckmaschinen durch den Staat, was ja — wie wir oben im Abschnitt über die geschichtlichen Erfahrungen schon gesehen haben — auch nichts anderes ist als eine „aggressive Verteilungspolitik" des Staates.

3. Die Ursachen des gestiegenen Inflationsniveaus der 70er Jahre

Nach diesen Erklärungen und Differenzierungen ist es nun eher möglich, die am Ende des 1. Kapitels unbeantwortet gelassene Frage zu beantworten, warum die Inflation — und zwar weltweit — in den 70er Jahren um so viel höher lag als in den 50er und 60er Jahren. Einige Gründe haben wir im Verlauf dieses Kapitels schon kennengelernt, so daß es reicht, stichwortartig die wichtigsten Ursachen des damaligen Inflationsanstiegs anzugeben. Die sich überlagernden Ursachen-Effekte sind nämlich vielfältig. Neben der nun schon genug diskutierten — langfristig entstandenen — Anspruchsentwicklung und den politisch bedingten plötzlichen Ölpreissteigerungen 1973 sind vor allem folgende politische, aber auch langfristige strukturelle Entwicklungen mitverantwortlich gewesen:

a) Zentraler Ausgangspunkt war die verstärkte Geldschöpfung der USA in Verbindung mit einem hohen Zahlungsbilanzdefizit während des Vietnamkriegs und die Auswirkungen auf die in einem System fester Wechselkurse mit den USA verbundenen Länder.

Bedeutend für die Zementierung und weitere Anhebung des dadurch erhöhten Inflationsniveaus waren dagegen die folgenden, mehr strukturellen Bedingungen:

b) die zunehmende Belastung des Weltwährungssystems durch die Herausbildung und Liberalisierung von internationalen Kapitalmärkten (wie beispielsweise des Euro-Dollarmarktes), die nicht national kontrolliert werden konnten, und die dazu führten, daß die nationalen Geldpolitiken speziell von multinationalen Unternehmen unterlaufen werden konnten; sodann

c) die zunehmende Konzentration im Unternehmungssektor,

d) die Zunahme der Oligopolisierung der Tarifparteien,

e) die Abnahme der doch in gewissem Umfang preisdrückend wirkenden Produktivitätsfortschritte – nicht zuletzt bedingt durch die Zunahme des Anteils des Dienstleistungssektors an der Gesamtwirtschaft, der geringere Produktivitätsfortschritte als die anderen Sektoren aufwies, und

f) die allmähliche Verschlechterung der „terms of trade" gegenüber zumindest einem Teil der rohstoffbesitzenden Entwicklungsländer. Man kann es ruhig auch so ausdrücken, daß die „Ausbeutung" der (Rohstoffe der) Dritten Welt zunehmend auf Widerstand der Entwicklungsländer stieß. Der gravierendste Widerstandsakt war der Zusammenschluß der OPEC-Staaten und die Heraufsetzung der Rohölpreise.

Sie werden im Verlauf der Lektüre der nächsten beiden Kapitel immer wieder auf die hier nur stichwortartig zusammengestellten Faktoren stoßen.

III. Folgen der Inflation

„Die schleichende Inflation ist die Malaria der modernen gemischten Volkswirtschaft. Mit ihr zu leben ist genauso unangenehm, wie die Malaria zu ertragen . . .“ (Paul A. Samuelson, Nobelpreisträger für Wirtschaftswissenschaften 1970)

„Inflation ist eine Krankheit, eine gefährliche und manchmal tödliche Krankheit, die eine Gesellschaft zerstören kann, wenn sie nicht rechtzeitig gestoppt wird.“ (Milton Friedman, Nobelpreisträger für Wirtschaftswissenschaften 1976)

Das große Interesse, das der Inflation entgegengebracht wird, die alles überschattende Bedeutung, die die Inflation für den Kurs der Wirtschaftspolitik der westlichen Industrieländer in den 70er Jahren hatte und auch heute noch hat, läßt sich nur durch die allgemeinen Befürchtungen vor den Folgen einer noch stärkeren als der augenblicklich vorherrschenden Inflation erklären. In Anbetracht ihrer Erfahrungen oder Erinnerungen an die Zusammenbrüche des Geldwesens 1923 und 1948, verfolgt besonders die ältere Generation in der Bundesrepublik die inflationäre Entwicklung mit den Gefühlen des „gebrannten Kindes“. Andererseits gibt es aber auch Zeitgenossen, darunter anerkannte Fachwissenschaftler, die die allgemeine Angst vor Inflation gelinde gesagt für „übertrieben“ halten. Letztere sehen die Gefahren der Inflation allein in ungerechten Umverteilungswirkungen, die man allerdings ihrer Meinung nach durch institutionelle Regelungen wie „Indexierungen“ etc. weitgehend vermeiden kann.

Welche Seite hat nun Recht?
Ich werde Ihnen in diesem Kapitel einige zentrale (Aus-)Wirkungsmechanismen von Inflation schildern und deren Bedeutung diskutieren. Sie werden dabei merken, daß die in der Öffentlichkeit meist heftig vertretenen Überzeugungen bezüglich der Konsequenzen von Inflation oft nur **Glaubensbekenntnisse** sind. (Wahrscheinlich werden sie deshalb so heftig vertreten!) Die bisherigen Erkenntnisse der Fachwissenschaften sind auf jeden Fall in dieser Hinsicht noch ziemlich dürftig.

1. „Tödliche Krankheit": Führt Inflation zur Zerstörung des Geldsystems und letztlich der Marktwirtschaft?

Das Schreckgespenst, das bei einer Warnung vor Inflation mit schöner Regelmäßigkeit von Politikern, Wirtschaftswissenschaftlern und Journalisten an die Wand gemalt wird, ist der Zusammenbruch des Geldsystems und die anschließende Notwendigkeit einer **Währungsreform**. Die Floskel von der „tödlichen Krankheit" im obigen Zitat von Milton Friedman ist so zu verstehen. Die empirischen Belege sind schnell gefunden, besonders im deutschen Lande: man verweist auf die Zusammenbrüche des Geldsystems 1923 und 1948.

Dieses Schreckgespenst bildet auch wesentlich die Rechtfertigung für die regelmäßigen Eingriffe des Staates bei ansteigender Inflation. Die von Staats wegen herbeigeführte wirtschaftliche Rezession wird dann als „Reinigungskrise" oder „Stabilisierungskrise" tituliert. (*Beispiel*: die Wirtschaftskrise in der Bundesrepublik 1974/75 oder die Wirtschaftskrise in Großbritannien ab 1979.)

Was bedeutet aber „Zusammenbruch des Geldsystems"?

Nun, das Geld hat in den heutigen arbeitsteiligen Volkswirtschaften vor allem drei Funktionen:

a) Es ist **Tausch-** oder **Zahlungsmittel**,
b) es ist **Wertaufbewahrungsmittel**, und
c) es ist **Rechenmittel**.

Die Behauptung ist nun, daß Inflation diese Geldfunktionen zerstört, m.a.W.: immer mehr abbaut.

Wie kann man sich das konkret vorstellen?

zu a) Abbau der **Tauschmittelfunktion** heißt, daß Geld nicht mehr von allen als Tausch- oder Zahlungsmittel akzeptiert wird, sondern daß immer mehr Gruppen wieder zu Naturaltausch (Sachgut gegen Sachgut) oder — weil es doch effizienter ist — zu einer Ersatzwährung übergehen. (Nach dem 2. Weltkrieg sprach man von „Zigarettenwährung", da damals Zigaretten das Geld allmählich als Zahlungsmittel verdrängten.) Der Verlust der Tauschmittelfunktion des Geldes ist nach bisherigen Erfahrungen erst in extremen Hyperinflationen zu erwarten.

zu b) Schon viel früher verliert Geld in Inflationen dagegen seine Funktion als **Wertaufbewahrungsmittel**. Geld garantiert den Wirtschaftssubjekten Liquidität. Mit Geld ist man bei unverhofften Ausgaben nicht zahlungsunfähig oder kann plötzliche günstige Kaufgelegenheiten sofort und ohne Schwierigkeiten durchführen. Tritt nun Inflation auf, so wird das Li-

quide-Sein, sprich die Geldhaltung teuer. Ein synonymer
Ausdruck für Inflation ist ja Geldentwertung. Das besagt,
der reale Wert des gehaltenen Geldes nimmt bei Inflation ab
und zwar
— je höher die Inflation ist,
— je länger Geld gehalten wird, und
— je mehr Geld gehalten wird.
Deshalb werden sich die Wirtschaftssubjekte in Inflationen
bemühen, möglichst wenig Geld zu halten. Dies ist jedoch
nur bis zu einem gewissen Grad möglich, sonst werden die
Wirtschaftssubjekte handlungsunfähig. Zumindest versuchen sie aber, ihre Geldhaltung auf das Nötigste zu beschränken und ihre anderen Vermögensbestände auf Anlagen zu
verteilen, die den Inflationsverlust zumindest zum Teil (wie
Wertpapiere) oder ganz (wie Sachgüter) ausgleichen.
zu c) Die **Rechenmittelfunktion** des Geldes stellt die Vergleich-
barkeit des Tauschwertes verschiedener Güter für die Wirtschaftssubjekte her. Solange nicht die Preis*verhältnisse zwi-*
schen den einzelnen Gütern unvorhersehbar und hektisch
fluktuieren, beeinträchtigt Inflation die Rechenmittelfunktion des Geldes nicht. Sobald aber die Preisverhältnisse
nicht vorhersehbar hin- und herschwanken, wird Planung
auf der Grundlage von Geldpreisen unmöglich. Der Abbau
der Rechenmittelfunktion tritt zeitlich als letztes in einer
Geldwirtschaft ein, d.h. später als der Abbau der Wertauf-
bewahrungsmittelfunktion und auch noch später als der
Abbau der Tauschmittelfunktion. Die Zerstörung der Rechenmittelfunktion des Geldes ist gleichbedeutend mit der
(endgültigen) Zerstörung des Geldsystems bzw. der Geldwirtschaft. Die Wirtschaftsrechnung bricht dann zusammen;
eine Währungsreform ist unausweichlich.
Marktwirtschaften sind — im Gegensatz zu anderen Wirtschaftsordnungen — in größeren Gesellschaften voll und ganz auf das
reibungslose Funktionieren des Geldwesens angewiesen. Allzu hohe Inflationsraten müssen deshalb unbedingt vermieden werden.
Insofern ist mit der Angst vor einem Zusammenbruch des Geldsystems auch die noch größere, eigentliche Angst vor dem **Zusammenbruch der Marktwirtschaft** verbunden. So ist letztlich die
Friedman'sche Floskel von der „tödlichen Krankheit" Inflation
zu interpretieren, — frei nach dem oft zitierten Wort des russi-
schen Revolutionärs *Lenin,* der gesagt haben soll, es gäbe kein
besseres Mittel den Kapitalismus zu zerstören, als seine Währung
auszuhöhlen. Oder mit den Worten des bis 1977 amtierenden

90 Bundesbankpräsidenten *Karl Klasen*: „Mit der Inflation leben bedeutet für unser Wirtschaftssystem mit der Inflation unterzugehen."

Als Grundlage dessen wird gesehen, daß Inflation die Funktionsfähigkeit des marktwirtschaftlichen **Preismechanismus** zerstört. Bei Preisstabilität steuern die Marktpreise nach marktwirtschaftlicher Vorstellung die Wirtschaft so, daß die volkswirtschaftlichen Ressourcen optimal genutzt und die einzelnen Märkte ausgeglichen werden. Die Marktpreise stellen – so die These – die Indikatoren für die Knappheit der Produktionsmittel im Verhältnis zu den Bedürfnissen in einer Volkswirtschaft dar. Daher sind sie in der Lage, die Produktionsmittel optimal in Richtung der herrschenden Bedürfnisse zu lenken. Nun führen inflationäre Prozesse in der Regel zu selbständigen Veränderungen im Preisgefüge einer Volkswirtschaft, so daß die Marktpreise bei Inflation keine Knappheitsindikatoren mehr darstellen. Das Wirtschaftssystem verliert so seine Lenkungs- oder Steuerungsmechanik. Es kommt zu Fehlinvestitionen, Arbeitslosigkeit, Wohlstandsverlusten und letztlich zum wirtschaftlichen Zusammenbruch.

Manche(r) von Ihnen mag jetzt einwenden, daß dies ja alles Unsinn sei, da der Preismechanismus in unseren heutigen oligopolistischen Wirtschaften doch sowieso nicht mehr funktioniere. Ich hätte ja schließlich selbst darauf hingewiesen, daß die Preissetzung der Unternehmen heute nicht mehr nach den marktwirtschaftlichen Vorstellungen zustande käme, sondern die Unternehmen in einer mehr mechanischen Art die durchschnittlichen Stückkosten auf die Preise überwälzten und ihren Gewinnaufschlag unter anderem entsprechend ihres Finanzbedarfs für zukünftige Investitionen festsetzten. Dadurch würden ja auch schon die Preisrelationen laufend „verzerrt", d.h. von Angebots-Nachfrage-Relationen abgekoppelt.

Das stimmt auch im Prinzip. Der Preismechanismus ist aber trotzdem nicht abgestorben, sondern wirkt weiter. Er wird nur überlagert von der durch die Marktmacht der oligopolistischen Anbieter bestimmten autonomen Preissetzungsmöglichkeit.

Deswegen kann man davon ausgehen, daß bei „normaler", noch nicht allzu hoher Inflation die sowieso schon (d.h. auch bei Preisstabilität) heute eingeschränkte Funktionsfähigkeit des Preismechanismus nicht wesentlich beeinträchtigt wird. Das heißt, die Marktpreise stellen auch bei Preisstabilität keine absoluten Knappheitsindikatoren mehr dar. Wenn man sich jedoch auf den Abbau der Geldfunktionen bezieht und nicht nur die Wertaufbewahrungsfunktion des Geldes meint, geht man, ausgesprochen oder nicht, von Hyperinflationen, also von extrem hohen Inflationen aus. Erst dann werden die Funktionen des Geldes als Tausch- und Rechenmittel abgebaut. Dann aber ist zweifelsohne der Preismechanismus noch viel stärker in seiner Funktionsfähigkeit behindert als in der heutigen gemäßigt inflationären Wirtschaft. Insofern ist die Angst vor einer stärkeren Beeinträchtigung und letztlich vor einem Zusammenbruch der marktwirtschaftlichen Grundlagen und Prinzipien in dieser Situation einer Hyperinflation auch nicht verfehlt. Hyperinflationen sind geprägt von Spekulationswellen, die allmählich das ganze Wirtschaftsleben erfassen. Normales wirtschaftliches Handeln wird dann eher zur unlukrativen Nebenerscheinung. Wirtschaftliche, aber auch soziale Regelmechanismen (Traditionen, soziale Werte) lösen sich allmählich auf. Die Schilderungen bisheriger Hyperinflationen geben davon ein anschauliches Bild.

Das ist der Nerv, der bei vielen beim Gedanken an Inflation getroffen ist: die Befürchtung, daß es über kurz oder lang zu einem Zusammenbruch des Geld-, Wirtschafts- und letztlich auch des Sozialgefüges kommt.

Ist nun diese Befürchtung angebracht oder nicht?

Ich möchte es einmal mit der alten Floskel ausdrücken: Im Prinzip schon, aber ...

Im Prinzip ist diese Befürchtung berechtigt, wenn man zu einer Hyperinflation kommt. Aber — ist es denn wahrscheinlich oder denkbar, daß man dorthin gelangt?

Hyperinflationen in Industrienationen waren nach bisherigen Erfahrungen immer an Kriegssituationen gekoppelt, verursacht durch Kriegsfinanzierung des Staates über Geldmengenschöpfung. Eine „Selbstbeschleunigung" einer Inflation heutigen Ausmaßes bis zu einer Hyperinflation ist — auch bei der heute vielbeschworenen „Inflationsmentalität" — in Friedenszeiten schwer vorstellbar.

Doch auch bei dem heutigen Umfang der Inflation in den Industrienationen sind (andere) negative Folgen von Inflation vorstellbar, die eine Inflationsbekämpfung erforderlich machen. Sie sollen im folgenden diskutiert werden. Wir behandeln dabei insbesondere die Auswirkungen von Inflation auf

— die Beschäftigung,
— das wirtschaftliche Wachstum,
— die Einkommens- und Vermögensverteilung, und
— die Entwicklungsländer.

2. Beschäftigungseffekte: Läßt sich durch Hinnahme von Inflation die Arbeitslosigkeit senken?

Neben den Verteilungswirkungen von Inflation steht heute in der wirtschaftspolitischen Öffentlichkeit vor allem die Frage des **Zusammenhangs zwischen Inflation und Arbeitslosigkeit** im Mittelpunkt des Interesses. Dieses Interesse ist eigentlich relativ neu: man schenkt dem Zusammenhang zwischen Inflation und Arbeitslosigkeit auch in den Wirtschaftswissenschaften erst seit Anfang der 60er Jahre größere Beachtung.

Dies steht im Zusammenhang mit den in den 50er und 60er Jahren aufgetretenen Stagflationserscheinungen und mit der dadurch erst populär gewordenen Erklärung der *Angebotsinflation.* Die „klassische" oder „neoklassische" marktwirtschaftliche Theorie vermag ja Inflation im Grunde nur zu erklären unter Annahme von Vollbeschäftigung. Das beschriebene Aufkommen von **Stagflationen** erforderte aber nicht nur eine Erklärung des Zustandekommens solcher Situationen. Für die Wirtschaftspolitik ist es wichtig, den Zusammenhang zwischen Inflation und Stagnation bzw., was damit zusammenhängt, zwischen Inflation und Arbeitslosigkeit zu kennen.

Solche Kenntnisse benötigt man, weil es der Wirtschaftspolitik in Stagflationen um die gleichzeitige Bekämpfung zweier Übel geht: Inflation und Arbeitslosigkeit. Man muß wissen, welche Folgen die Bekämpfung oder die Hinnahme des einen Übels auf die Entwicklung des anderen hat. Konkret stellt sich die Frage: Kann man durch Hinnahme einer (höheren) Inflation die Arbeitslosigkeit beseitigen oder durch Hinnahme einer (höheren) Arbeitslosigkeit die Inflation senken? Das ist immer noch die zentrale wirtschaftspolitische Frage der Gegenwart. Die wirtschaftspolitisch Verantwortlichen in Frankreich setzen beispielsweise derzeit (1981/82) auf Reduzierung der Arbeitslosigkeit durch Hinnahme einer höheren Inflation, wobei die Inflation durch Preiskontrollen in Grenzen gehalten werden soll; die Verantwortlichen in Großbritannien, den USA und (bis vor kurzem) auch in der Bundesrepublik hoffen auf Reduzierung der Inflation durch Hinnahme von steigender Arbeitslosigkeit. In den 60er Jahren und auch noch in der ersten Hälfte der 70er Jahre glaubten die meisten Regierungen (und auch die meisten Wirtschaftswissenschaftler) an eine relativ feste und stabile Beziehung zwischen Inflation und Arbeitslosigkeit in einem Land. Das bedeutete für die Wirtschaftspolitiker, daß sie von einer Wahl ausgehen konnten zwischen mehr Arbeitslosigkeit und weniger Inflation auf der einen Seite und weniger

Arbeitslosigkeit und mehr Inflation auf der anderen Seite. Je nach Bedarf konnte man – so glaubte man zumindest – das eine, jeweils größere Übel unter Inkaufnahme der vorübergehenden Steigerung des anderen Übels bekämpfen, ohne beide langfristig zu verschlimmern. Die von Bundeskanzler Helmut Schmidt noch Mitte der 70er Jahre gemachte Aussage, ihm seien 5% Inflation lieber als 5% Arbeitslosigkeit, muß man in diesem Zusammenhang sehen. In der Wirtschaftswissenschaft meinte man – in den 60er Jahren – herausgefunden zu haben, daß für jedes Land ein solcher stabiler Zusammenhang besteht.

Dieser läßt sich graphisch veranschaulichen (siehe Abb. 2):

Abb. 2: Die modifizierte Phillips-Kurve

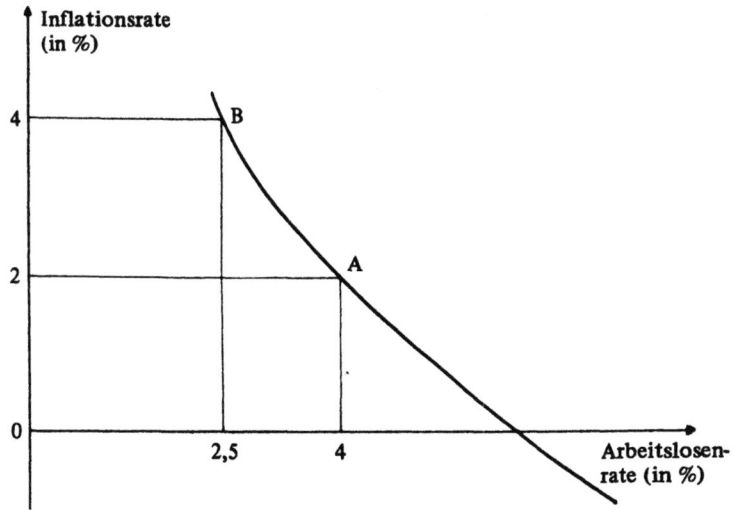

Die eingezeichnete Kurve in Abb. 2 bezeichnet man in der Fachliteratur üblicherweise als „modifizierte Phillips-Kurve". Diese Bezeichnung wählte man, weil der ursprüngliche Zusammenhang, den der englische Wirtschaftswissenschaftler A.W. Phillips 1958 in einer solchen graphischen Form vorstellte, die Beziehung zwischen der Arbeitslosigkeit und der *Geldlohnentwicklung* aufzeigte. Erst später wurde durch andere Wirtschaftswissenschaftler der entsprechende Zusammenhang zwischen Inflation und Arbeitslosigkeit daraus abgeleitet.

Abb. 2 ist wie folgt zu lesen:

Die Wirtschaftspolitik eines Landes kann sich – je nach Bedarf – auf der für sie relevanten Kurve hin- und herbewegen. Als

94 (in der Abb. 2 festgehaltenes) *Beispiel*: Sie kann entweder eine Arbeitslosenrate von 4% hinnehmen, um die Inflationsrate auf 2% niedrig zu halten (Wahl von Punkt A). Sie kann aber auch die Arbeitslosenrate auf 2,5% herunterdrücken, indem sie die Inflationsrate auf 4% steigen läßt (Übergang zu Punkt B). (Wie so etwas funktionieren könnte, werden Sie im nächsten Kapitel erfahren!) Dies läßt sich — so war die Vorstellung — beliebig oft wiederholen.

Seit Ende der 60er, Anfang der 70er Jahre kamen jedoch mehr und mehr Zweifel an der Möglichkeit der Wahl zwischen mehr (weniger) Inflation und weniger (mehr) Arbeitslosigkeit auf. Denn seit dieser Zeit setzte in fast allen entwickelten Industrienationen eine Aufwärtsentwicklung *sowohl* der Inflationsraten *als auch* der Arbeitslosenraten ein.

Tab. 5: Entwicklung von Arbeitslosen- und Inflationsrate

	Land	1965	1970	1975	1980
BRD	Arbeitslosenrate	0,7	0,7	4,7	3,8
	Inflationsrate	3,3	3,4	6,0	5,5
USA	Arbeitslosenrate	4,5	4,9	8,5	7,1
	Inflationsrate	1,7	5,9	9,1	13,5
GB	Arbeitslosenrate	1,4	2,6	4,0	6,9
	Inflationsrate	4,5	6,4	24,2	18,0

Quellen: OECD, Main Economic Indicators, Historical Statistics (laufend); Sachverständigenrat, Jahresgutachten (laufend)

Nach Abb. 2 bedeutet dies, daß sich die Kurve der Inflations-Arbeitslosigkeits-Wahlmöglichkeiten für die einzelnen Länder laufend nach oben verschob (siehe Abb. 3).

Wollte man in den 70er Jahren die Inflationsrate auf 2% halten, so mußte man schon 8%, später gar 10% Arbeitslosigkeit hinnehmen. Andererseits mußte man, um die Arbeitslosigkeit auf 2,5% herunterdrücken zu können, schon 7%, später sogar 11% und mehr Inflation akzeptieren.

Wie kann man so etwas erklären? Welche Rolle spielt dabei die Inflation?

Es gibt auch unter den Fachleuten verschiedene konkurrierende Erklärungen. Die heute (auch in der Praxis) dominierende wird von den Vertretern der wirtschaftswissenschaftlichen „Lehrschule" des **Monetarismus** vorgebracht.

Abb. 3: Die Verschiebung der modifizierten Phillips-Kurve

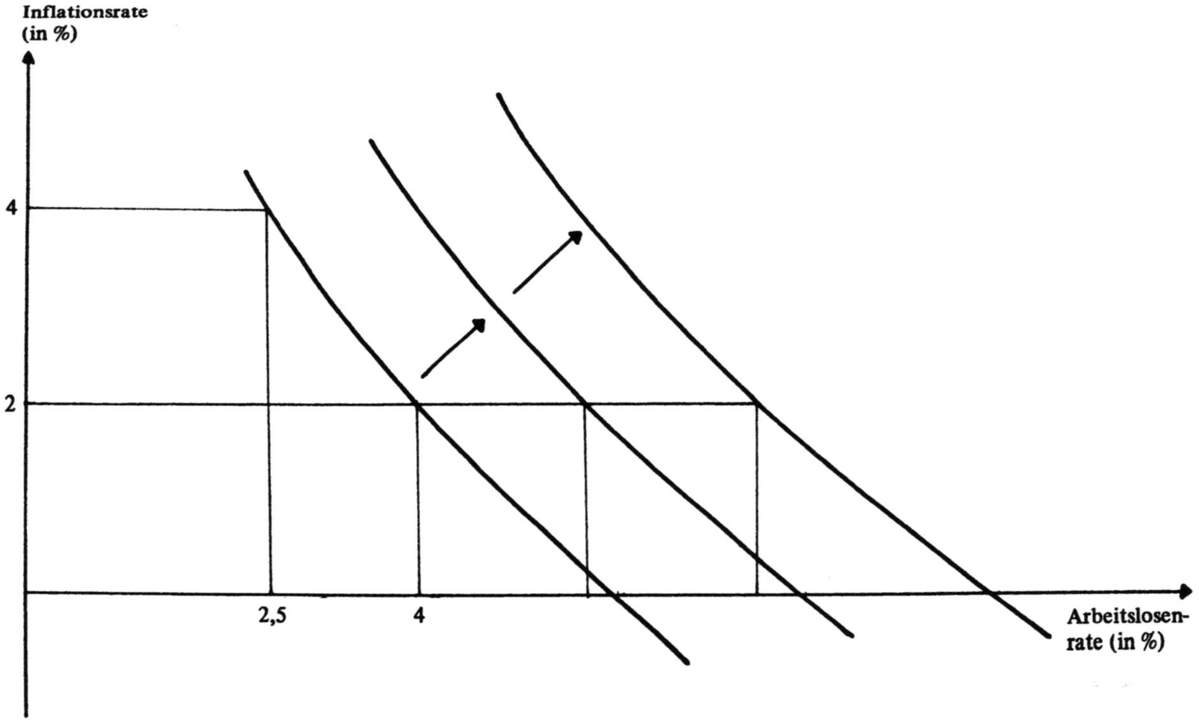

Die Vertreter des „Monetarismus", die im großen und ganzen mit den Vertretern der oben geschilderten „neuen Quantitätstheorie" identisch sind, sehen die ganze Schuld bei der Inflation bzw. ihren Verursachern. Diese sind für die Monetaristen der Staat bzw. die Zentralbank als *Geldproduzent.* Wer sich einmal auf die Inflation einläßt, um damit Arbeitslosigkeit zu bekämpfen, löst damit ihrer Meinung nach nicht nur eine immer weitergehendere Inflationierung aus, sondern auch − im Wechselspiel − über die Konjunkturperioden hinweg eine immer höhere Arbeitslosigkeit. Ihre Erklärung − die heute die offizielle Begründung der restriktiven Wirtschaftspolitik in Großbritannien, zu einem Großteil auch in den USA und in der Bundesrepublik darstellt − lautet wie folgt:

Eine Wahlmöglichkeit der Wirtschaftspolitik zwischen Inflation und Arbeitslosigkeit, wie es die Phillips-Kurve suggeriert, existiert nur so lange, wie sich die Wirtschaftssubjekte *täuschen* lassen. „Sich täuschen lassen" heißt hier: die Auswirkungen einer Geldmengenerhöhung − nämlich eine entsprechend große Preisniveauerhöhung − nicht richtig vorhersehen.

Sobald nämlich die Wirtschaftssubjekte die durch eine Geldmengenerhöhung in Gang gesetzte Inflation richtig in ihren Einkommensforderungen antizipiert und in den Einkommensabschlüssen auch realisiert haben, wird die Arbeitslosenrate durch die Hinnahme einer höheren Inflation nicht reduziert. Die Arbeitslosigkeit bleibt dann gleich hoch, nur die Inflationsrate hat sich auf Dauer erhöht.

Beispiel: Der Staat versucht, über Geldmengenerhöhung ein Konjunkturprogramm zu finanzieren, um die Arbeitslosigkeit zu bekämpfen. Der Staat selbst, *aber auch* die Wirtschaftssubjekte sehen alle richtig voraus, daß dadurch die Inflationsrate im nächsten Jahr sagen wir um 2% zunimmt. Dementsprechend fordern und realisieren (das ist die Annahme!) alle Wirtschaftssubjekte einen entsprechenden Ausgleich in ihren Einkommen. Das heißt, die Preise wie auch die Löhne (und die Transfereinkommen) steigen um die gleiche Rate, eben um die richtig vorhergesehene Inflationsrate. Für die Unternehmer besteht keine Veranlassung, mehr Arbeiter einzustellen, da die realen Einkommen und die reale (Güter-)Nachfrage gleich geblieben sind. Nur die Inflationsrate ist jetzt höher.

Dies ist die strikte Version der monetaristischen Erklärung: es gibt demnach weder eine kurzfristige noch eine langfristige Wahlmöglichkeit zwischen Inflation und Arbeitslosigkeit. Die „weichere" und auch realistischere Version der monetaristischen Erklä rung des Anstiegs der Phillips-Kurve räumt dagegen eine kurzfristige Wahlmöglichkeit ein. Sie bestreitet nur die Stabilität oder Dauerhaftigkeit eines solchen Zusammenhangs. Kurzfristig führt eine inflationär wirkende Geldmengenerhöhung des Staates demnach wohl zu einer Reduzierung der Arbeitslosigkeit. Dies liegt daran, daß sich die Wirtschaftssubjekte mit ihren Inflationserwartungen erst nach einer Weile an die Geldmengenerhöhung und die damit erzeugte Inflationstendenz anpassen. Inzwischen steigt die Güternachfrage und die Produktion, da während dieser Zeit auch die reale Geldhaltung und damit die Kauf- oder Nachfragemöglichkeit in der Wirtschaft größer geworden ist.

Beispiel: Wenn die Wirtschaftssubjekte auf einmal statt 100 nun 200 Milliarden Mark in Händen haben und sich nicht alle Preise, Löhne, Zinsen sofort verdoppeln, so können die Wirtschaftssubjekte effektiv mehr kaufen. Ihr reales Einkommen ist gestiegen, ihre Nachfrage nach Gütern wird dementsprechend größer. Die Unternehmen reagieren auf diese Nachfragesteigerung durch eine Produktionsausweitung und stellen dafür auch mehr Arbeiter ein. Die Arbeitslosigkeit sinkt also vorübergehend. Nun steigen dadurch aber die Löhne und mit diesen die Lohnkosten und die Preise. Die Arbeitnehmer (wie die Kapitalgeber) werden sich den gestiegenen Preisen wiederum in ihren Inflationserwartungen und damit in ihren Lohnforderungen (Zinsforderungen) anpassen, was die Preise letztlich weiter hochtreibt. Die *reale* Geldhaltung, d.h. die Kaufkraft der Geldmenge in einer Wirtschaft, sinkt aber, wenn die Preise steigen. Die Güter-Nachfrage geht insgesamt wieder zurück, die Unternehmen schränken ihre Produktion ein und die Arbeitslosigkeit erreicht letztlich wieder ihr früheres Niveau. Nur durch eine stetige Geldmengenausweitung und parallel laufender Inflationsproduktion könnte nach monetaristischer Auffassung die Arbeitslosigkeit auf dem nach dem ersten Anstoß erreichten niedrigeren Niveau gehalten werden.

Das gegenseitige *Aufschaukeln* von Inflation und Arbeitslosigkeit läßt sich in diesem Zusammenhang durch die staatliche ‚stop and go'-Politik erklären:

Der Staat wird nach einer gewissen Zeit, wenn die Inflationsrate zu hoch wird, aus Angst vor dem Zusammenbruch des Geldsystems oder aus Rücksicht auf die Inflationssensibilität der Bevölkerung den Inflationsprozeß stoppen und durch restriktive Geldmengenpolitik eine sog. „Reinigungskrise" herbeiführen, in der die Arbeitslosigkeit ansteigt. Aus Rücksicht auf die aufkommenden Proteste wird der Staat allerdings nach einer Weile — „zu früh" nach Ansicht der Monetaristen — wieder versuchen, die Arbeitslosigkeit durch Nachfragestimulierung über Geldmengenausweitung in Grenzen zu halten bzw. zu verringern. Die Inflation wird so weiter nach oben getrieben. Je höher aber die Inflation, um so gravierender ist die folgende „Reinigungskrise" und mit ihr die darin produzierte Arbeitslosigkeit. Dieser Prozeß schaukelt so Inflation und Arbeitslosigkeit abwechselnd nach oben.

Diese etwas vereinfachte Darstellung des Gedankengebäudes der Monetaristen zu den konjunkturpolitischen Wahlmöglichkeiten des Staates zwischen Inflation und Arbeitslosigkeit beschreibt auch annähernd die Überlegungen der Vertreter des restriktiven Wirtschaftskurses in vielen westlichen Industrieländern.

Nun wird die monetaristische Grundauffassung — trotz ihres derzeit großen politischen Einflusses — beileibe nicht von allen Fachleuten geteilt. Das betrifft einmal die nicht zwingende Annahme, daß ein staatliches Beschäftigungsprogramm durch Geldmengenerhöhung finanziert werden muß, und zum anderen die konjunkturpolitischen Folgerungen, auf die wir im nächsten Kapitel noch zu sprechen kommen. Es ist jedoch nicht möglich, hier näher auf die angesprochenen Auseinandersetzungen einzugehen. (Zentral und sehr verständlich wird die Frage der konjunkturpolitischen Alternativauffassungen in *Buhbe/Hilmer* [1981] behandelt.)

3. Wachstumseffekte: Fördert oder behindert Inflation das wirtschaftliche Wachstum?

Der Einfluß der Inflation auf die Beschäftigung ist stark gekoppelt an ihre Auswirkungen auf das Wirtschaftswachstum. Denn nur wenn die Unternehmen mehr investieren, werden auch mehr Arbeitnehmer beschäftigt. Und umgekehrt nimmt zwangsläufig auch die Beschäftigung ab, wenn das Wirtschaftswachstum langfristig sinkt.

Wie Inflation auf das Wirtschaftswachstum genau wirkt, ist eine der ungeklärtesten Fragen der Volkswirtschaftslehre. Es gibt dazu die unterschiedlichsten Antworten und „empirischen Belege". Letztere sind meistens so gut wie nichts wert, da sie sich entweder auf einzelne Teilaspekte beschränken oder — unter dem Mäntelchen offizieller Statistiken — theorielos alles mit allem vermischen. (Eine Übersicht über die verschiedenen Thesen und „Belege" finden sie in *Wagner* [1981a], wiederabgedruckt auch in den Unterlagen des Deutschen Instituts für Fernstudien (DIFF) zum „Zeitungskolleg: Geld und Gold' [*Wagner*, 1981b], zu dem im Herbst 1981 an vielen Volkshochschulen in der Bundesrepublik Begleitveranstaltungen abgehalten worden sind, die möglicherweise der (die) eine oder andere von Ihnen besucht hat.)

Wirtschaftliches Wachstum hat viele Komponenten. Der Einfluß der Inflation auf das Wirtschaftswachstum ist daher zum Beispiel nicht nur davon abhängig (wie manchmal unterstellt wird), wie sich aufgrund von Inflation die realen (Kredit-)Zinskosten oder die Reallohnkosten für die Unternehmen ändern, sondern auch wie sich die Produktivität des Kapitaleinsatzes, die Verteilungsposition und die Planungsmöglichkeiten der Unternehmen bei der Investitionstätigkeit inflationsbedingt ändern.

Wohl ergeben sich inflationsbedingte **wachstumsfördernde** Effekte dadurch,

– daß die realen Zinskosten der Unternehmen bei steigender Inflation erfahrungsgemäß sinken, und auch dadurch,
– daß die Gewinnquote der Unternehmen in zunehmenden Inflationen sich wegen der Verzögerung der Lohnanpassung an die Inflationsentwicklung tendenziell verbessert.

Dem stehen aber inflationsbedingte **wachstumssenkende** Effekte gegenüber, die daraus erwachsen,

– daß die Produktivität des Kapitaleinsatzes zumindest in hohen Inflationen abnimmt, bedingt durch die steigenden Kosten der Optimierung der Vermögenshaltung, des Güterabsatzes etc., und ·
– daß die Planungsmöglichkeiten der Unternehmen in Inflationen durch steigende Erwartungsunsicherheit eingeschränkt sind. Diese Unsicherheit besteht aber nicht nur bei Investitionen. Sie tritt auch bei anderen Anlagemöglichkeiten von Kapital auf, insbesondere bei Wertpapierhaltung, und dies sogar unter Umständen verhältnismäßig stärker. Denken Sie nur an die zunehmenden Kursschwankungen von Wertpapieren bei Inflationen!

Sie sehen schon, daß es sich um sehr komplexe, diffizile Zusammenhänge handelt, die sich zudem unterschiedlich stark auswirken, je nachdem *wie hoch* die Inflation ist, wie die Inflations*erwartungen* gebildet werden und welche *Marktstruktur* in einer Wirtschaft(sbranche) vorherrschend ist. Wir verfolgen (auch aus Platzgründen) diesen diffizilen Komplex hier nicht weiter. Wer sich jedoch näher informieren will, sei auf ein Buch von mir verwiesen, das ungefähr zur gleichen Zeit wie das vorliegende erschienen ist (Verlag Duncker & Humblot; Reihe ‚Volkswirtschaftliche Schriften‘; Titel: ‚Inflation und Wirtschaftswachstum‘).

Sie können jedoch festhalten:

(a) Während bei *niedriger* („schleichender") Inflation eher positive Wachstumseffekte ableitbar sind, treten bei *Hyperinflation* ziemlich eindeutig negative Wachstumseffekte auf. Dies liegt in erster Linie an den in Hyperinflationen feststellbaren starken Produktivitätseinbußen, die durch die in diesem Stadium überhandnehmende Spekulationstätigkeit ausgelöst werden. Im Stadium *hoher* („galoppierender"), jedoch noch nicht Hyper-Inflation sind die Wachstumseffekte weniger eindeutig, d.h. in diesem Stadium sind andere Ausgangsbedingungen (b und c) entscheidender.

(b) In *oligopolistischen* Wirtschaften führt Inflation in geringerem Maße zu negativen bzw. eher zu positiven Wachstumseffekten als in Konkurrenzwirtschaften.

(c) Werden Preisniveausteigerungen als durch Übernachfrage bedingt eingeschätzt oder erwartet, führt dies tendenziell zu positiven Wachstumseffekten, während dies bei kostenbedingt (durch Kostenüberwälzung entstanden) eingeschätzten oder erwarteten Preisniveausteigerungen weniger der Fall sein wird.

4. Einkommens- und Verteilungswirkungen: Wer gewinnt, wer verliert?

Die unmittelbarste und uns auch am anschaulichsten sich repräsentierende Auswirkung von Inflation ist die, die wir im eigenen „Geldbeutel" merken, wenn wir unsere täglichen Einkäufe tätigen. In den Medien wie auch von der jeweiligen Opposition wird uns auch immer vor Augen geführt, wie stark die „Kaufkraft des Geldes" (der DM) in den letzten Jahren gesunken ist. Das läßt sich auch statistisch einwandfrei nachweisen. So kostete beispielsweise der besagte repräsentative Warenkorb des Durchschnittshaushaltes im Jahre 1978 um 50% mehr als im Jahre 1970.[1]) (Sehen Sie dabei einmal wohlwollend über die oben beschriebenen systematischen Meßfehler oder -probleme hinweg!) Die sogenannte „Kaufkraft des Geldes" sank also während dieser Zeit um ein Drittel.

Nur, was heißt dies schon? Kann man dem an sich schon eine Bedeutung beimessen? Legen Sie hier ruhig einmal eine „besinnliche Minute" ein.

---

[1]) Zur genauen Entwicklung der „Kaufkraft des Geldes" für die Durchschnittsfamilie in der Bundesrepublik während der letzten Jahrzehnte vgl. Abb. 1 und Tab. 3 und 4!

Das schlagende Beispiel ist ja immer das mit dem „Sparstrumpf". Es wird einem dabei stets nahegelegt sich vorzustellen,
man hätte sein Geld vor 'zig Jahren einmal vergraben oder in einen Wollsocken gesteckt, und würde es nun wieder ausgraben und
damit in den Kaufladen gehen. Was würden wir da für eine Über-
raschung erleben!?

Nur kann ich mir kaum vorstellen, daß eine(r) von Ihnen sein
(ihr) Geld so angelegt hat. (Es soll zwar noch immer einige Mit-
bürger geben, die aus Unwissenheit oder aus Angst vor den anony-
men Bank-Kolossen lieber auf Nummer sicher gehen und ihr Erspartes unter der Matraze verstauen. Nur ist dies insgesamt heute
alles andere als typisch.) Die allermeisten von Ihnen werden ihre
Ersparnisse auf einem Sparbuch oder in Wertpapieren oder sonst-
wie zinsbringend anlegen. Das heißt, die ominöse „Kaufkraft des
Geldes" berührt den einzelnen Sparer überhaupt nicht, wenn oder
solange die Zinsen, die er bekommt, den „Kaufkraftverlust" abdecken. (Ob und wann sie dies tun, wird noch untersucht werden.)

Genausowenig kann man von einem „Kaufkraftverlust des Geldes" auf eine Beeinträchtigung der **Einkommen** „der" Bürger
schließen, solange man nicht explizit und im einzelnen nachweisen kann, daß die (einzelnen) Einkommen systematisch der Inflationsrate hinterherhinken. Dies kann man aber nur bei wenigen
(Einkommens-)Gruppen und nur in ganz bestimmten Inflations-
stadien so pauschal behaupten. In jedem Fall muß man fein säu-
berlich trennen und die einzelnen Umstände berücksichtigen, bevor man allgemeine Aussagen trifft. Man kann nur dann von Ein-
kommens- oder Verteilungsverlusten einzelner Gruppen ausgehen,
wenn man nachweisen kann, daß es diesen Gruppen nicht gelingt,
(a) die tatsächliche Inflationsrate korrekt vorherzusehen, oder
(b) einen vollkommenen Ausgleich für ihre an sich korrekt vor-
    ausgesehenen Inflations- bzw. Kaufkraftverluste in Einkom-
    mensverhandlungen durchzusetzen, oder
(c) dieser Ausgleich immer erst mit einer zeitlichen Verzögerung
    erfolgt.
Zu (a): Eine hier angesprochene Unterschätzung der Inflationsrate
        oder -verluste (— die Fachökonomen sprechen in diesem
        Zusammenhang manchmal auch von „Geldillusion" der
        Wirtschaftssubjekte oder Einkommensgruppen —) wird
        man nur bei geringen und noch nicht lange existierenden
        Inflationsraten unterstellen können. Sobald die Inflations-
        entwicklung größere Ausmaße annimmt (und auch schon
        längere Zeit läuft), passen sich die große Mehrzahl der
        Wirtschaftssubjekte — insbesondere aber ihre Interessenor-

102   ganisationen – der Inflationsentwicklung in ihrer Erwartungshaltung an.

Zu (b): Unsicherer und differenzierter verläuft dagegen die Durchsetzungsmöglichkeit von Inflationsausgleichszahlungen für verschiedene Einkommensgruppen. So kann man am ehesten davon ausgehen, daß diejenigen, die etwas „Wichtiges" für den Wirtschafts- oder Produktionsprozeß anzubieten haben – und das sind die oben genannten „Faktorbesitzer" –, auch hinreichende Ausgleichszahlungen gegenüber den Vertragspartnern durchzusetzen imstande sind. Und zwar werden sie dies umso leichter oder vollkommener schaffen, je größer ihr Organisationsgrad ist, je eher sie also das Faktorangebot auf dem jeweiligen Faktormarkt verknappen können. Dies gilt insbesondere für die in Gewerkschaften organisierten Arbeitnehmer. (Je höher der Organisationsgrad der Gewerkschaften, um so vollkommener wird ihnen ein Inflationsausgleich gelingen.) Natürlich gilt dies auch für die Unternehmen, die mittel- und langfristige Investitionsplanungen im Vertrauen auf die Überwälzbarkeit inflationsbedingter Kostensteigerungen während der Planungsperiode durchführen. Die Überwälzbarkeit gelingt dabei – wie oben geschildert – um so glatter, je konzentrierter die Unternehmen sind. Auch die Eigentümer von knappen Grundstücken brauchen keine Angst zu haben, in ihren Verkaufspreisen die Inflationsrate nicht abdecken zu können – besonders angesichts der bei hohen Inflationen zu beobachtenden „Flucht in Sachwerte". Was die ausländischen Rohstoffanbieter anbelangt, so muß man unterscheiden, ob die angebotenen Produktionsfaktoren knapp und nichtsubstituierbar sind oder nicht. Nur die und nur die Rohstoffanbieter, deren Ware knapp ist oder durch gemeinsame Aktionen knapp gehalten wird, werden ihre Inflationsverluste ohne weiteres ausgleichen können. Die anderen, darunter viele Entwicklungsländer, haben unter der Inflation zu leiden. Dies wird im nächsten Abschnitt näher umrissen.

Dagegen werden Einkommensgruppen, die **Transfereinkommen** beziehen, angefangen von den **Sozialhilfeempfängern**, den **Arbeitslosengeldempfängern**, den **Rentnern** bis hin zu den **Studenten** und **Schülern** als Ausbildungsförderungsempfänger, auf die Dauer größere Schwierigkeiten haben, einen vollen Inflationsausgleich zu erzielen. Diese liegen darin, daß sie keine eigene Marktmacht besitzen. Sie

sind stattdessen völlig auf den Weg der „politischen Willensbildung" (Lobbytätigkeit) angewiesen und damit auch
abhängig von der Willensbildung in den etablierten politischen Parteien und deren Schwankungen. Grundsätzliche
Auffassungsunterschiede zwischen den einzelnen Parteien
zur Frage der Nicht-Benachteiligung von (einzelnen) Trans-
fereinkommensbeziehern sieht man ja bei den Haushalts-
(kürzungs)diskussionen im Bundestag, insbesondere in
konjunkturellen „Krisen"jahren wie beispielsweise 1981.

Zu (c): Die Gruppen der Transfereinkommensbezieher tragen verstärkt auch ein Risiko des Inflationsverlusts durch zeitliches Hinterherhinken in der Einkommensanpassung an die
gestiegenen Lebenshaltungskosten. Der Grund dafür ist
der, daß diese Anpassungen üblicherweise immer erst in
größeren zeitlichen Abständen an die Einkommensentwicklung der Arbeitnehmerhaushalte folgen. So richten
sich beispielsweise die Rentenerhöhungen derzeit nach der
durchschnittlichen Einkommensentwicklung der Arbeitnehmer in den letzten 3 Jahren. Die „Benachteiligung"
der Rentner in steigenden Inflationen läuft allerdings,
worauf Sie vielleicht schon gestoßen sind, mit einer „Be-
vorzugung" in sinkenden Inflationsperioden parallel, da
die Rentenerhöhungen sich dann an den höheren Inflationsausgleichszahlungen für die Arbeitnehmer in den vor-
angegangenen Jahren orientieren.

Kaufkraftverluste durch zeitliches Hinterherhinken der Ein-
kommensanpassungen treffen jedoch in steigenden Inflationen nicht nur die Transfereinkommensbezieher, sondern unter Umständen auch die Arbeitnehmer. Dies gilt
insbesondere, wenn die Inflationsausgleichszahlungen nur
reaktiv erfolgen, d.h. sich an den Kaufkraftverlusten der
vorhergehenden Periode oder Tariflaufzeit orientieren.
Aber auch bei „vorausschauenden" Inflationsausgleichs-
forderungen kann das manchmal schwerfällige (zeitwieri-
ge) Instrument der Tarifverhandlungen zu einem „zwangs-
weise"-Hinterherhinken der Lohn- und Gehaltsanpassun-
gen führen. Dies ist auch der Hauptgrund für den in hohen
Inflationen oft beobachtbaren Einbezug von schematischen
„Indexklauseln" in Tarifverträge. In der Bundesrepublik
kann man jedoch für die letzten 2 Jahrzehnte kein syste-
matisches längerfristiges Hinterherhinken der Einkommensentwicklung der Arbeitnehmer hinter den Preissteigerungen feststellen. Die Einkommensentwicklung folgte

meist ziemlich vollständig der Entwicklung der Preissteigerungen *und* der Arbeitsproduktivität. Die (bereinigte) Lohnquote blieb daher während der betrachteten Zeit auch relativ konstant (siehe Tab. 6).

Tab. 6: Zur Entwicklung der Lohnquote v.H.

Jahr	Lohnquote		Anteil der Arbeitnehmer an den Erwerbstätigen
	tatsächlich[1])	bereinigt[2])	
1960	60,4	60,4	77,2
1961	62,7	62,1	78,0
1962	64,1	62,8	78,8
1963	65,1	63,2	79,5
1964	64,8	62,3	80,3
1965	65,6	80,9	62,6
1966	66,6	63,3	81,2
1967	66,4	63,2	81,1
1968	64,8	61,3	81,6
1969	66,1	61,8	82,5
1970	67,8	62,7	83,4
1971	69,1	63,6	83,9
1972	69,5	63,8	84,2
1973	70,7	64,6	84,5
1974	72,6	66,3	84,5
1975	72,3	66,1	84,5
1976	71,3	64,9	84,9
1977	71,5	64,7	85,2
1978	71,0	64,0	85,6
1979 [3])	70,9	63,6	86,1
1980	72,2	64,5	86,4
1981 [4])	73,7	65,7	86,6

[1]) Bruttoeinkommen aus unselbständiger Arbeit in vH des Volkseinkommens.
[2]) Lohnquote bei konstant gehaltenem Anteil der Arbeitnehmer an den Erwerbstätigen im Jahre 1960.
[3]) Vorläufige Ergebnisse.
[4]) Eigene Schätzung.

Quelle: Sachverständigenrat zur Begutachtung der gesamtwirtschaftlichen Entwicklung, Jahresgutachten 1981/82, S. 75.

Inflation – Gift für den kleinen Sparer
Ich habe oben schon darauf hingewiesen, daß die häufig benutzten „Sparstrumpf"-Beispiele eine pauschale Verarmung derjenigen vorgaukeln, die bei Inflation noch sparen. Dies ist so allgemein nicht richtig. Man muß im Vergleich dazu auch die Entwicklung der Zinsen mitberücksichtigen, die ja in gewisser Weise an die

Inflationsentwicklung gekoppelt sind: Auch die Anbieter von Geldkapital werden die Inflationserwartungen mit in Betracht ziehen und einen Ausgleich in ihrem Zinseinkommen verlangen. Ob sie ihn immer durchsetzen können, ist eine andere Frage. Dies ist letztlich abhängig von den Kapitalmarktbedingungen, aber auch von der Marktmacht der Anbieter und Nachfrager.

Entscheidend für einen Inflationsverlust ist auch die Art und Weise bzw. die **Anlageform** des Sparens. Man kann sein Erspartes auf dem Sparbuch mit gesetzlicher Kündigungsfrist liegen lassen, man kann es aber auch als Festgeld, in Bundesobligationen, Aktien oder in Fremdwährung anlegen. Bei der ersten Anlage bringt das Ersparte vielleicht 5%, bei letzten unter Umständen 15% Zinsen (bei beispielsweise 6% Inflation 1981 in der Bundesrepublik). Je größer die Unkenntnis über die verschiedenen Anlageformen, je geringer die Risikobereitschaft und je kleiner das ersparte Vermögen ist, um so eher werden die Sparer auf die altgewohnten, geldnahen (d.h. relativ schnell und problemlos wieder in Geld umtauschbaren) Anlageformen, speziell auf das Sparbuch, zurückgreifen. Insofern läßt sich die oben zitierte Behauptung eines Inflationsverlustes beim Sparen am ehesten bei den sogenannten ,,kleinen Sparern" bestätigen. Diese sind es gerade, die in der Regel die geringsten Kenntnisse über die verschiedenen Anlagemöglichkeiten besitzen, die Inflationsentwicklung wahrscheinlich am ehesten unterschätzen, und — wegen ihrer kleinen Anlagebeträge — als Einzelne so gut wie keine Marktmacht besitzen. Sie sind es, die ihr Erspartes vorwiegend auf den niedrig verzinsten Sparbüchern (mit gesetzlicher Kündigungsfrist) halten.

Im folgenden ist die Verzinsung einzelner Anlageformen in der Bundesrepublik seit 1971 aufgeführt:

Wie man an Tabelle 7 sieht, verlieren die Sparbuchhalter (rund ein Viertel der gesamten Vermögensbildung wird in der Bundesrepublik derzeit in dieser Anlageform gehalten) schon bei relativ geringer (,,schleichender") Inflation. Bei hohen und stark steigenden Inflationsraten sinkt, wie die bisherige Praxis in anderen Ländern zeigt, auch die Wertpapierverzinsung unter die Inflationsrate. Zudem muß bei der Betrachtung der Verzinsung von Sparanlagen auch berücksichtigt werden, daß die Zinseinkommen in aller Regel *besteuert* werden müssen. Die effektive Verzinsung liegt also niedriger als in der Tabelle 7 angegeben. Deshalb kann man auch bei sehr hoher Inflation einen allmählichen Ausstieg der Anleger aus nominal fixierten Anlageformen (d.h. aus Spareinlagen und fest verzinslichen Wertpapieren) feststellen. Stattdessen wird das Vermögen eher in langlebigen und wertsicheren Sachwerten ange-

106   legt. Man spricht in diesem Zusammenhang von einer „Flucht in die Sachwerte".

Tab. 7: Die Verzinsung verschiedener Analgeformen

	Zum Vergleich: Inflations-rate[1])	Spareinlagen mit gesetzlicher Kündigungsfrist[2])	Wertpapiere (Umlaufsrenditen)[3])	Aktien (Dividendenrendite)[4])
1971	5,2	4,52	8,2	3,98
1972	5,6	4,01	8,2	3,08
1973	7,0	5,51	9,5	3,72
1974	7,0	5,51	10,6	4,36
1975	6,0	4,00	8,7	3,52
1976	4,3	3,51	8,0	3,62
1977	3,7	3,00	6,4	4,06
1978	2,7	2,51	6,1	4,69
1979	4,1	3,77	7,6	5,44
1980	5,5	4,51	8,6	6,01
1981	5,9	5,00	10,6	5,83

[1]) Preisindex für die Lebenshaltung aller privaten Haushalte; Veränderung gegenüber Vorjahr in %
[2]) durchschnittlicher Zinssatz im November
[3]) Festverzinsliche Wertpapiere insgesamt
[4]) ab 1976 einschl. Steuergutschrift (aufgrund des Körperschaftssteuerreformgesetzes vom 21. Aug. 1976)
Quelle: Monatsberichte der Deutschen Bundesbank (laufend)

Der Staat als Inflationsgewinner?

Wenn die, die Geld **verleihen** (und das ist ja die typische Form des Sparens über das Bankensystem), bei – zumindest höherer Inflation – insgesamt verlieren, also kaufkraftmäßig weniger zurückbekommen als sie verliehen haben, müssen die gewinnen, die das Geld geliehen haben. Das ist eine einfache Rechnung, die man in Fachkreisen manchmal als *Gläubiger-Schuldner-Hypothese* bezeichnet. Die, die in einer Gläubigerposition sind, verlieren bei Inflation, und die, die sich in einer Schuldnerposition befinden, gewinnen. Das gilt natürlich so allgemein wiederum nur, wenn die Zinsen – unter Berücksichtigung der steuerlichen Abzüge – im Durchschnitt hinter der Inflationsrate herhinken.

Nun hört man oft das Argument, daß vor allem der Staat der große Gewinner an Inflationen sei. Dieser Verdacht ist auch verständlich, wenn man die Geschichte der großen Hyperinflationen betrachtet: So gut wie jede beruhte auf dem Versuch des Staates,

sich durch Geldproduktion gestiegene Ausgaben, in aller Regel für
Kriege, finanzieren zu lassen. Der Mechanismus ist klar: Wenn sich
der Staat über die Notenbank (oder früher durch Münzverschlechterungen) mehr Geld beschaffte, so stieg bei bestehendem Güterangebot das Preisniveau. Die privaten Haushalte konnten sich weniger für ihr Geld kaufen. Im Grunde entspricht dies einer Steuererhöhung des Staates „auf kaltem Wege", d.h. einer der Steuererhöhung entsprechenden Umverteilungsaktion (zugunsten) des
Staates ohne die politische Brisanz von Steuererhöhungen.

In Friedenszeiten, besonders unter den geldpolitischen Instanzen der heutigen entwickelten Industrienationen, ist der Verdacht
nicht angebracht, der Staat würde sich vor allem über die Notenbankpresse finanzieren und so im Grunde die Inflation produzieren.

Doch gibt es noch andere Momente, die den Verdacht eines
Nutznießertums des Staates an der Inflation nähren. Wenn man
annimmt, daß die Schuldner bei Inflation gewinnen, kann man
sehr leicht auf den Gedanken kommen, daß die in den letzten Jahren stark gestiegene **Staatsverschuldung** (in den meisten entwickelten Industrienationen, so auch in der Bundesrepublik) den Staat
als Inflationsgewinner ausweist. Er braucht — bei Anhalten der Inflation — nur mehr einen Teil dessen zurückzuzahlen, was er sich
geliehen hat. (Voraussetzung wiederum: die Verzinsung der Staatsanleihen liegt unter der Inflationsrate.)

Zudem erzielt der Staat in Inflationen ungerechtfertigte Mehreinnahmen dadurch, daß die Einkommen der Arbeitnehmer der
Steuerprogression unterliegen: Durch die Inflationsanpassung werden die Arbeitnehmereinkommen *nominal* immer höher. Das am
Nominalwertprinzip orientierte Steuersystem wirkt dann progressiv. Die Einkommen werden immer höher besteuert, auch wenn
ihr Realwert gleich geblieben oder gar gesunken ist. Die Steuereinnahmen des Staates steigen überproportional zur allgemeinen Einkommensentwicklung. Die Inflation bringt also dem Staat dadurch
einen Gewinn.

Insgesamt aber kann man trotzdem nicht ohne weiteres davon
ausgehen, daß der Staat an einer Inflation gewinnt. Man muß nämlich auch die **Ausgabenseite** des Staates berücksichtigen. Und dort
sieht es für den Staat in Inflationen beileibe nicht rosig aus. Die
vom Staat nachgefragten Waren und Dienstleistungen sind nämlich in aller Regel gerade die, deren Preise überproportional steigen. Dazu zählen vor allem Bauleistungen, die sich aufgrund der
schon angesprochenen „Flucht in die Sachwerte" in Inflationen
überproportional stark verteuern.

Zudem organisiert der Staat vorwiegend solche Produktions-
und Dienstleistungsbereiche, die unterproportionale Produktivitätsfortschritte aufweisen. (Viele dieser Bereiche werden bzw.
müssen auch vom Staat gerade deshalb organisiert werden, weil sie
den privaten Unternehmen nicht lukrativ genug erscheinen, andererseits für die soziale Infrastruktur eines Landes wichtig sind, wie
beispielsweise die Aufrechterhaltung des Nahverkehrssystems in
ländlichen Gebieten.) Die Stückkosten der meist auch noch relativ
arbeitsintensiven staatlichen Güter-Produktionen liegen deshalb in
der Regel sehr hoch. Die Lohn- oder Gehaltseinkommen steigen
ja in diesen Bereichen genauso stark wie in anderen, produktive-
ren und kapitalintensiveren Bereichen. Um dann die (Verkaufs-)
Preise der staatlichen Güter nicht überproportional stark ansteigen
zu lassen, was politische Probleme mit sich brächte, müssen diese
oft subventioniert werden. (Die verbleibenden Preissteigerungen
für öffentliche Güter sind aber, nebenbei bemerkt, immer noch so
hoch, daß sie die Inflation stabilisieren und oft auch noch verstärken.)

Die These vom „Inflationsgewinner Staat" steht also auf schwachen Beinen, solange der Staat die Inflation nicht selbst über die
Notenbankpresse finanziert. Ob der Staat in den einzelnen Perioden mehr auf der Verlierer- oder Gewinnerseite steht, läßt sich
daher nicht allgemein beantworten, sondern ist von der Struktur
der Einnahmen und Ausgaben des Staates und der Preisstruktur
abhängig. Derzeit wird man den Staat eher als Inflationsverlierer
bezeichnen können.

Fördert Inflation die Staatsverschuldung?

Wenn der Staat jedoch Inflationsverlierer ist, hätte Inflation
mehr oder weniger direkt auch einen fördernden Einfluß auf die
Zunahme der Staatsverschuldung. Der Staat müßte ja dann die
laufenden Inflationsverluste mitfinanzieren. Die Staatsverschuldung müßte also schon inflationsbedingt — bei gleicher Ausgaben-
und Einnahmenstruktur des Staates — steigen. Und tatsächlich ist
es auffallend, wie in den 70er Jahren in fast allen westlichen Industrieländern Inflation und Staatsverschuldung parallel zunahmen.
(siehe Tab. 8)

Nun ist die relativ starke Verschuldungszunahme in der Bundesrepublik seit 1974 wohl zu einem großen Teil durch die Finanzierung der zugenommenen Arbeitslosigkeit (bei spärlicher fließen-
den Steuereinnahmen) zu erklären. Jedoch spielt auch die Infla-
tionszunahme eine gewisse Rolle.

Wie wir allerdings schon angeführt haben, kann man aus statistischen Korrelationen noch keine kausalen Schlüsse ziehen; je-

doch deutet die obige theoretische Erklärung, die auf die überproportionale Steigerung staatlicher Ausgaben in Inflationen verwies, auf eine Förderung der Staatsverschuldung durch Inflation hin. Dies ist aber nur als Randbemerkung zu einem noch ungesicherten statistischen Zusammenhang zu verstehen.

Tab. 8: Entwicklung der Inflation und der staatlichen Neuverschuldung in der Bundesrepublik seit 1969

	1969	1970	1971	1972	1973	1974	1975	1976	1977	1978	1979	1980
Inflations-rate	1,9	3,3	5,2	5,6	7,0	7,0	6,0	4,3	3,7	2,7	4,1	5,5
Entwicklung der staatlichen Neuverschuldung[1]	0,3	9,7	14,5	15,7	11,7	24,6	64,0	40,3	31,8	42,3	43,1	54,7

[1]) Entwicklung der Nettoneuverschuldung (in Mrd. DM)
Quelle: Monatsberichte der Deutschen Bundesbank (laufend);
Jahresgutachten des Sachverständigenrates zur Begutachtung der gesamtwirtschaftlichen Entwicklung, 1981/82, S. 287;
eigene Berechnungen

5. Inflation schädigt die Entwicklungsländer

Wenn wir von Inflation reden, haben wir den Blick meistens auf die Umverteilung, auf Beschäftigungs- und Wachstumseffekte *im Inland* gerichtet. Das heißt, wir sehen verständlicherweise in erster Linie die Gefahr für uns und die heimische Industrie. Darüber hinausgehende internationale Aspekte werden in der Regel nur in Verbindung mit unseren eigenen *Exportchancen* betrachtet. Blicken wir aber einmal über unseren eigenen reichgefüllten Tellerrand hinaus, so werden wir bemerken, daß „unsere" Inflation in den entwickelten Industrieländern die ärmeren und ärmsten Länder noch unverhältnismäßig stärker trifft als uns selbst.

Die Exportgüter der Industrieländer sind zu einem großen Teil die Importgüter der Entwicklungsländer. Wenn daher in den Industrieländern das Preisniveau permanent steigt, bedeutet dies für die Entwicklungsländer stetig steigende Importgüterpreise. Den wenigsten Entwicklungsländern ist es möglich, die Preise *ihrer* Exportgüter entsprechend zu erhöhen — was an ihrem spezifischen Güterangebot und der Marktstruktur für diese Güter liegt: Die Entwicklungsländer exportieren vorwiegend Nahrungsmittel und Rohstoffe, wobei es ihnen nur selten gelingt, durch Zusammenschlüsse eine Angebotsmacht zu erlangen (wie die OPEC-Staaten sie beim Rohölexport besitzen). Nur dies würde es ihnen erlauben, die Preise ihrer Nahrungsmittel und ihrer Rohstoffe dem Inflationsniveau der entwickelten Industrienationen bzw. deren Exportbranchen anzupassen. Die Praxis sieht jedoch in der Regel so aus, daß die Rohstoffgewinnung in den Entwicklungsländern mit „Hilfe" der multinationalen Konzerne der Industrieländer stattfindet, die dafür sorgen, daß die Preise dieser Rohstoffe niedrig bleiben. So war es ja auch bei der Ölproduktion bis zum „Aufstand" der OPEC-Staaten 1973. Der Importgüterpreis für Rohöl wurde von den als „Entwicklungshelfer" tätigen Konzernen in den 50er und 60er Jahren dauernd niedrig gehalten. Dies zeigt sich auch daran, daß sich die „terms of trade" während dieser Zeit laufend zu Ungunsten der Förderländer entwickelten. Insgesamt verbesserte sich das Verhältnis von Ausfuhrpreisen zu den Einfuhrpreisen für Rohstoffe und Halbwaren allein für die Bundesrepublik von 1950 bis 1972 um rund 4,5% pro Jahr. Das heißt, für die gleiche Ausfuhrmenge erhielt man 22 Jahre später zweieinhalbmal so viel Rohstoffe und Halbwaren wie 1950. Der wirtschaftliche Aufschwung in den westlichen Industrienationen während der 50er und 60er Jahre, sprich die damaligen hohen Wachstumsraten, wurde(n) zu einem Teil durch die günstige Einfuhrpreissituation bei den Rohstoffen und Halbwaren (insbesondere bei den Energiegrundstoffen) gefördert.

Auch beim Export von Nahrungsmitteln wie Bananen, Kakao oder Zucker haben Entwicklungsländer sehr wenig Einfluß auf die Entwicklung der Preise für diese Güter, die weitgehend auf dem Weltmarkt unter dem dominierenden Einfluß der Aufkäufer (Konzerne) zustandekommen. Die Ökonomen sprechen in diesem Zusammenhang von einem Nachfragemonopol oder -oligopol.

Zudem sind die Entwicklungsländer wegen der steigenden Importlasten gezwungen, laufend so viel wie möglich zu produzieren, was aber auf die Preise drückt, weil dadurch insgesamt tendenziell ein Überangebot auf dem Weltmarkt erzeugt wird.

Diese Konstellation führt dazu, daß die Importlasten der Entwicklungsländer bei inflationären Entwicklungen in den Industrieländern immer stärker anwachsen, ohne daß die Exporterlöse Schritt halten können. Die Versorgung der Bevölkerung und der Aufbau einer eigenen Industrie, welche die Entwicklungsländer unabhängiger von den Industrieländern machen könnte, wird so immer schwieriger. Dies zeigte sich auch in den 70er Jahren, als die Inflationsraten in den westlichen Industrienationen stark anstiegen. Die Lage vieler Länder insbesondere der sog. „4. Welt" verschlechterte sich — wie auch aus öffentlichen Stellungnahmen der UNO, der UNESCO und der Weltbank hervorging — während dieser Zeit drastisch. Damit verbunden schreitet auch der internationale Umverteilungsprozeß munter voran — allerdings, wie es sich abzeichnet, in eine verhängnisvolle Richtung.

Als *Fazit* kann man feststellen: National wie international sind mit Sicherheit die sozial Schwachen die größten Verlierer einer Inflation — national die Transfereinkommensbezieher und international die Entwicklungsländer. Eigentlich schon Grund genug, Inflation zu bekämpfen. Die Frage ist nur: Wie?

Schema 3: Konzepte der Inflationsbekämpfung

Möglichkeiten der Inflationsbekämpfung		Inflationsursachen
Politisches Feld	Instrumente	Antwort auf
I. Fiskalpolitik	– Einschränkung der Ausgabentätigkeit des Staates – Abschöpfung von Kaufkraft der privaten Haushalte und der Unternehmungen über Steuererhöhungen oder Kürzung der Transfer- und Subventionszahlungen	Nachfrageinflation
II. Einkommens- und Wettbewerbspolitik	– Verhaltensappelle – Konzertierte Aktion – Preisstopp – Lohnstopp – Konzentrationsbekämpfung – Wettbewerbsförderung	Angebotsinflation und Anspruchsinflation
III. Geldpolitik	– Einschränkung der Zentralbank-Geldmenge – Einschränkung der Refinanzierungsmöglichkeiten der Geschäftsbanken – Zinserhöhung	Geldmengeninflation
IV. Währungspolitik	– Flexible Wechselkurse	Importierte Inflation

IV. Möglichkeiten der Inflationsbekämpfung

Es gibt in der Öffentlichkeit, unter den Politikern und natürlich insbesondere unter den Wirtschaftswissenschaftlern verschiedene Vorschläge über die einzuschlagenden Wege der Inflationsbekämpfung.

Die Unterschiede sind vor allem in der unterschiedlichen Sicht der Inflationsursachen begründet, und — was die Einzelmaßnahmen betrifft — auch in den ordnungspolitischen und weltanschaulichen Grundvorstellungen.

Eine wirksame Inflationsbekämpfung ist auch nur möglich über eine Ausschaltung der Ursachen von Inflation. Die Inflationsmechanismen und -ursachen sind jedoch vielfältig und ihre Wirkungen je nach Lage und Einschätzung unterschiedlich, wie wir gesehen hatten.

Die im Schema 3 aufgeführten Inflationsbekämpfungsmöglichkeiten werden im folgenden näher behandelt.

Neben einer Bekämpfung der Inflationsursachen gibt es auch spezifische Möglichkeiten der Bekämpfung der Inflationsfolgen. Vor allem ist hier die Möglichkeit der Indexierung zu nennen, die wir dann im nächsten und letzten Kapitel beleuchten werden.

1. Fiskalpolitik: Antwort auf eine Nachfrageinflation

1.1 Wandel in der Finanzpolitik

Die Anwendung des Instrumentariums der Finanzpolitik zur Inflationsbekämpfung ist noch relativ neu. Noch vor 50, 60 Jahren war der Gedanke des Einsatzes der Finanzpolitik zur Konjunktursteuerung, sprich: Stabilitätspolitik, noch weitgehend unvorstellbar. Die Finanzpolitik hatte sich nach den damaligen Vorstellungen strikt an das Prinzip der *Bedarfsdeckung* zu halten.

Die zentrale Aufgabe der Finanzpolitik bestand darin, dem Staat die Einnahmen zu verschaffen, die er zur Erfüllung der ihm zugewiesenen, unumgänglichen Aufgaben (Bildung, Verteidigung, Wahrung der Rechtsordnung) benötigte. Staatsverschuldung war ebenso verpönt wie Eingriffe des Staates in das als stabil betrachtete privatkapitalistisch-marktwirtschaftliche System. Die so sich selbst auferlegte Pflicht des Staates zur konjunkturpolitischen Abstinenz und zur Einhaltung des Prinzips des jährlichen Budgetausgleichs verschaffte ihm auch den heute im geschichtlichen Kontext gebräuchlichen Spitznamen des *„Nachtwächterstaates"*. Selbst in der katastrophalen Weltwirtschaftskrise der 30er Jahre enthielt sich der Staat — in diesem Selbstverständnis — weitgehend stabilitätspolitischer Aktivitäten.

Unter dem Eindruck der sich in dieser Weltwirtschaftskrise ganz deutlich offenbarenden *In*stabilität des privaten Wirtschaftssektors wuchs zum ersten Mal auch unter einem Teil der nichtmarxistischen Ökonomen die Überzeugung, daß man den privaten (privatkapitalistisch organisierten) Wirtschaftssektor sich nicht mehr selbst überlassen könne, sondern daß der Staat unterstützend eingreifen müsse. Damit war die Idee der heutigen **antizyklischen Finanz- oder Fiskalpolitik** geboren. Als ihr geistiger Vater wird heute der englische Nationalökonom *John Maynard Keynes* (1883–1946) betrachtet, der das Konzept der antizyklischen Fiskalpolitik 1936 erstmals in geschlossener Form ausgearbeitet hatte. Man spricht deshalb in der Wirtschaftswissenschaft heute auch von der „Keynesianischen Revolution" und entsprechend vom Keynesianismus oder **keynesianischer Wirtschaftspolitik**. Diese „neue" keynesianische Wirtschaftspolitik bekam denn auch seit den 40er Jahren immer mehr Einfluß auf das wirtschaftliche Handeln der meisten westlichen Staaten.

Begonnen hatte diese wirtschaftspolitische „Wende" in den USA in den 30er Jahren mit dem finanzpolitisch gesteuerten Beschäftigungsprogramm (dem sog. „New Deal") des 1933 neu gewählten amerikanischen Präsidenten Franklin D. Roosevelt. Voll durchsetzen konnte sich die keynesianische Wirtschaftspolitik auch in den USA allerdings erst Anfang der 60er Jahre unter der Kennedy-Regierung. In der Bundesrepublik gar wurde die keynesianische Wirtschaftspolitik und damit die Finanzpolitik als stabilitätspolitische Waffe erst seit der Wirtschaftskrise 1966/67 dominierend. Bis zur Haushaltsrechtsreform von 1969/70 schlug sich das alte Prinzip des ausgeglichenen Haushalts auch im Grundgesetz nieder. Dort stand in Artikel 115 die Formulierung: „Im Wege des Kredits dürfen Geldmittel nur bei außerordentlichem Bedarf und in der Regel nur für Ausgaben zu werbenden Zwecken . . . beschafft werden." Im Zuge der Haushaltsrechtsreform von 1969/70 wurde diese Formulierung in Art. 115 GG ersetzt durch die Bestimmung, daß „die Einnahmen aus Krediten . . . die Summe der im Haushaltsplan veranschlagten Ausgaben für Investitionen nicht überschreiten (dürfen)", daß aber Ausnahmen „zur Abwehr eines gesamtwirtschaftlichen Ungleichgewichts zulässig sind".

Antizyklische Fiskalpolitik läuft darauf hinaus, daß der Staat versucht, Marktungleichgewichte auszugleichen, die im privaten Wirtschaftssektor auftreten. Dazu ist es aber erforderlich, daß der Staat von den Grundsätzen der Nichteinmischung in den privaten Wirtschaftsprozeß und des jährlichen Budgetausgleichs abrückt. So kann er beispielsweise ein allgemeines Überangebot auf den Märkten, das vor allem durch Unterauslastung der Produktionskapazitäten und Arbeitslosigkeit gekennzeichnet ist, letztlich nur dadurch kompensieren, daß er sich verschuldet und die fehlende Nachfrage selbst schafft. Der Staat braucht dabei nicht die ganze Nachfragelücke selbst auszufüllen, sondern nur einen Teil: Die dadurch geschaffene Nachfragesteigerung setzt sich im privaten Wirtschaftsbereich fort und sorgt schließlich so für einen Ausgleich von Angebot und Nachfrage bei Vollbeschäftigung und Vollauslastung der Kapazitäten. (Der durch die staatliche Nachfrageausweitung in Gang gesetzte weiterführende Prozeß im privaten Sektor wird *„Multiplikatorprozeß"* genannt.) Durch die nun wieder stärker sprudelnde „Steuerquelle" ist es dann dem Staat auch möglich – so die Vorstellung –, die vorherige Verschuldung wieder abzubauen. Soweit in Kurzfassung die keynesianische Vorstellung von der Wirkungsweise antizyklischer Fiskalpolitik in Überangebotssituationen – für die sie auch ursprünglich konzipiert wurde.

Kommen wir nun aber zur Wirkungsweise antizyklischer Finanzpolitik in *Übernachfrage*situationen oder „inflatorischen Lücken", wie man diese auch nennt. Diese Situationen der allgemeinen Übernachfrage auf den Märkten sind ja der Ausgangspunkt und die Ursache für das, was wir als Nachfrageinflation im 2. Kapitel geschildert hatten. Wie kann man sich das vorstellen, daß Inflation durch antizyklische Finanz- oder Fiskalpolitik bekämpft werden kann?

1.3 Die fiskalpolitischen Instrumente zur Inflationsbekämpfung

Umreißen wir noch einmal die globale Lage bei einer Nachfrageinflation: Ausgangslage ist die einer Übernachfrage auf dem Güter- und begleitend in der Regel auch auf dem Arbeitsmarkt. Wenn antizyklische Fiskalpolitik darauf hinausläuft, daß der Staat Marktungleichgewichte auszugleichen versucht, so hat der Staat über die Fiskalpolitik bei einer Übernachfragesituation theoretisch zwei Angriffshebel zur Inflationsbekämpfung, sprich: zum Abbau der Übernachfragesituation:

116   (a) das Angebot zu erhöhen, und

(b) die Nachfrage zu senken.

zu (a): Wenn die Kapazitäten schon ausgelastet sind und Vollbeschäftigung herrscht, so kann eine Angebotsausweitung nur mittelfristig erfolgen. Sie ist vor allem darauf angewiesen, daß durch Produktion technischen Fortschritts mit den vorhandenen Kapazitäten mehr erzeugt werden kann. Der typische Fall: Ein Maschinenpark kann nur mit einer bestimmten Anzahl von Arbeitern betrieben werden. Wenn aber Vollbeschäftigung herrscht und es nicht möglich ist, die beschäftigten Arbeiter zu mehr Überstunden zu veranlassen oder ausgebildete Gastarbeiter anzuheuern, so ist eine Angebotsausweitung nur über Rationalisierungen mittelfristig möglich: Durch technische Umstellungen des Produktionsapparates (verbunden mit dem Einsatz neuer Maschinen) können die Produktionseinheiten mit weniger Arbeitern betrieben werden. Insgesamt können dann mit dem bestehenden Arbeitsangebot mehr Güter produziert und angeboten werden.

Könnte man durch eine solche staatlich geförderte oder finanzierte Angebotspolitik (genauer müßte man sagen: Rationalisierungspolitik) die Übernachfragesituation und damit die (Nachfrage-)Inflation abbauen? Im allgemeinen wird man diese Frage mit „nein" beantworten müssen. Man muß nämlich berücksichtigen, daß eine solche Angebotsförderung, die ja eine Investitionsförderung in technischen Fortschritt und in neue Maschinen darstellt, auch gleichzeitig die Nachfrage steigert: Investitionen stellen ja selbst Nachfrage (nach Investitionsgütern) dar. In der bisherigen Praxis ist beobachtet worden, daß die so erzeugten Nachfrageausweitungseffekte tendenziell größer sind als die beabsichtigten Angebots- oder Kapazitätsausweitungseffekte. Deshalb würde diese Politik der Angebotsausweitung nur die Übernachfragesituation und damit die Inflation verstärken. Zudem ist natürlich zu berücksichtigen, daß diese Politik erst mittelfristig wirken würde.

zu (b): Als fiskalpolitische Alternative bietet sich dann eine Senkung der Nachfrage an. Wie kann so etwas aussehen? Die gesamtwirtschaftliche Nachfrage besteht ja aus

— der Nachfrage der privaten Haushalte nach Konsumgütern,

— der Nachfrage der Unternehmen nach Investitionsgütern,

- der Nachfrage des Staates nach Konsum- als auch Investitionsgütern, und
- der Nachfrage des Auslands nach Exportgütern (Konsum- und Investitionsgütern).

Der Staat kann somit

(1) entweder bei den anderen Wirtschaftseinheiten (den privaten Haushalten, den Unternehmen oder dem Ausland) ansetzen und versuchen, diese zu einer Nachfrageverminderung zu bewegen;

(2) oder er verringert seine eigene Nachfragetätigkeit und senkt dadurch die gesamtwirtschaftliche Nachfrage.

zu (1): Eine Beeinflussung der Nachfragetätigkeit der privaten Wirtschaftssubjekte durch den Staat ist sicherlich nur indirekt möglich. Dabei ist die manchmal von Politikern versuchte Version des „Aufrufs zu mehr Sparen und weniger Konsumieren" in der Regel von vornherein zum Scheitern verurteilt.

Sie funktioniert schon deshalb nicht, weil kein verläßlicher Koordinationsmechanismus vorhanden ist, der den Wirtschaftssubjekten einen individuellen, privaten Gewinn aus einer Orientierung an einem gesamtwirtschaftlich rationalen Verhalten garantiert. Der Entscheidungsmechanismus über Nachfrage- und Angebotspläne ist in privatkapitalistisch-marktwirtschaftlichen Ordnungen grundsätzlich privat und dezentral angelegt.

Konkret besagt dies: Wenn ein Konsument oder Unternehmer den Aufruf des Staates befolgte und aus Rücksicht auf die gesamtwirtschaftliche Situation seine geplanten Käufe zurückstellte, die anderen Wirtschaftssubjekte dies aber nicht tun, so steigen die Preise weiter, vielleicht stärker als bisher. Der Konsument/Unternehmer müßte später zu einem höheren Preis als dem heutigen seine Käufe tätigen. Er ist also dann der „Angeschmierte". Solange der Einzelne keine Garantie hat, daß die anderen auch einem solchen Aufruf folgen, wird er in der Regel einem solchen Aufruf nicht nachkommen, ja er darf ihm aus rationellen, endogen-marktwirtschaftlichen Erwägungen nicht folgen.

Wenn der Staat also die Wirtschaftssubjekte dazu bringen will, ihre Nachfrage einzuschränken, muß er zu „stärke-

ren", administrativen Mitteln greifen.[1]) Dazu gehören
— *Steuererhöhungen,*
— *Kürzungen von Transfer- und Subventionszahlungen,*
und
— *Exporthemmnisse* wie Ausfuhrbeschränkungen oder
Ausfuhrabgaben etc.

Mit den ersteren beiden Maßnahmen versucht der Staat,
Kaufkraft bei den privaten Haushalten und Unternehmen
abzuschöpfen. Mit Hilfe der letzteren Maßnahme kann er
Einfluß nehmen auf die Auslandsnachfrage. In der Bundesrepublik Deutschland werden der Regierung durch das
Stabilitätsgesetz von 1967 solche administrativen Eingriffs-
möglichkeiten eingeräumt. So kann die Regierung beispielsweise nach § 26 StabG durch Rechtsverordnung, ohne vorherige besondere Zustimmung von Bundestag und
Bundesrat, einen Konjunkturzuschlag erheben, d.h. eine
bis zu 10%ige Heraufsetzung der Einkommens- und Kör-
perschaftssteuer. Auch wird der Bundesregierung durch
§ 26 StabG ermöglicht, die Inanspruchnahme von Sonder-
abschreibungen und die degressive Abschreibung (die steu-
erliche Absetzung für die Abnutzung von Maschinen und
anderen Investitionsgütern in fallenden Jahresbeträgen)
ganz oder teilweise auszuschließen. Exportzölle oder -ab-
gaben sind dagegen im Stabilitätsgesetz nicht vorgesehen.
Ob durch diese Kaufkraftabschöpfung bei den privaten
Haushalten und Unternehmen allerdings die angestrebte
Nachfrageverringerung erreicht wird, ist nicht gesichert.
Wenn beispielsweise das verfügbare Einkommen der privaten Haushalte sinkt, können diese bei Reduzierung ihrer
Spartätigkeit ihre gewünschten Kaufpläne trotzdem aufrechterhalten. Zum anderen ist es den Unternehmen — besonders in einer Übernachfragesituation — wohl möglich,
Steuererhöhungen und andere Kostenbelastungen über
Preiserhöhungen aufzufangen, so daß letztlich dadurch unter Umständen nur die Inflationsrate noch mehr angeheizt
wird.
zu (2): Ein direkteres und wirksameres Mittel zur Übernachfrage-
verringerung und damit zur Inflationsbekämpfung, das der
Staat in Händen hält, ist dagegen die Einschränkung seiner

---

[1]) Die *geldpolitischen* Möglichkeiten bleiben hier vorerst noch außer
Betracht, da sie zusammengefaßt im übernächsten Teil dieses Kapitels behandelt werden.

eigenen Nachfragetätigkeit. Die Diskussion um „Sparhaus-
halte", „Rotstiftpolitik" u.ä. ist uns ja seit einigen Jahren
wohl vertraut (—obwohl wir derzeit keine Übernachfragesituation haben!). Der Staat stellt geplante Ausgabenpro-
jekte für öffentliche Investitionen (Straßenbauten, Schul-
gebäude u.ä.) und öffentlichen Konsum (Schulbücher,
Material für die Verwaltung etc.) zurück und reduziert
auch zukünftige Ausgabenpläne.

Auch hierfür hat das Stabilitätsgesetz von 1967 Handlungsmöglichkeiten geschaffen. So ist in § 15 StabG bei einer
inflatorischen Übernachfragesituation eine Konjunkturausgleichsrücklage vorgesehen, die später in der Zeit wirtschaftlicher Rezession zur konjunkturellen Wiederbele-
bung eingesetzt werden kann. Auch bindet das Stabilitätsgesetz nicht nur den Bund, sondern unmittelbar auch die
Länder und mittelbar auch die Gemeinden an eine antizyklische Haushaltspolitik (§§ 1, 16).

Neben den direkten Auswirkungen einer staatlichen Spar-
politik auf die gesamtwirtschaftliche Nachfrage ergeben
sich auch indirekte *Multiplikatoreffekte*: Wenn der Staat
plötzlich weniger an Gütern und Dienstleistungen bei der
Privatwirtschaft nachfragt, führt dies dort zu einem Aus-
fall eigentlich eingeplanter Produktion, damit zu einem
Rückgang des Auslastungsgrades der Produktionskapazitäten und folglich einem Abbau der Beschäftigung (wenn
vielleicht auch vorerst nur der bezahlten Überstunden).
Insgesamt verringern sich dadurch in der privaten Wirtschaft und bei den privaten Haushalten die Einkommen,
die ja selbst wieder die Grundlage der Nachfrage sind.

Die Einschränkung der staatlichen Nachfrage muß allerdings groß genug sein, damit insgesamt (zusammen mit der
Multiplikatorwirkung) die Übernachfrage auch ganz abgebaut wird. Eine noch bestehenbleibende Übernachfragesituation hat nämlich die Tendenz, sich immer wieder „von
selbst" zu verstärken: Solange die Unternehmen sehen,
daß die vorhandene Nachfrage größer ist als ihr produzier-
tes und mit den bestehenden Anlagen produzierbares Angebot, werden sie neue Anlageinvestitionen durchführen
und damit auch die Nachfrage (in diesem Fall nach Investitionsgütern und nach Arbeitskräften) erhöhen.

Unabdingbare Voraussetzung für die inflationssenkende Wirkung einer antizyklischen Fiskalpolitik ist es allerdings, daß die abgeschöpfte Kaufkraft nicht an anderen Stellen wieder nachfragewirksam gemacht wird.

Das heißt zum einen, daß der Staat die durch Steuer- oder Exportzollerhöhungen eingenommenen Mittel stillegen muß und nicht für andere Zwecke ausgeben darf. Zum anderen müssen auch die durch staatliche Ausgabeneinschränkung entstehenden Haushaltsüberschüsse zurückgelegt werden.

„Still-" oder „zurücklegen" bedeutet konkret, daß der Staat seine Überschüsse oder zusätzlichen Einnahmen bei der **Bundesbank** festlegt. Jede andere Anlageform birgt die Gefahr in sich, daß die auf der einen Seite gesparten Mittel auf der anderen Seite wieder in den Wirtschaftskreislauf gelangen und dort nachfragewirksam werden.

Würden zum Beispiel die Einnahmen oder die sich in der staatlichen Haushaltskasse befindlichen Überschüsse auf Konten der Geschäftsbanken eingezahlt, so könnte der kontraktive Effekt der antizyklischen Fiskalpolitik zunichtegemacht (kompensiert) werden durch die Kreditvergabe der Geschäftsbanken an die privaten Haushalte und Unternehmen. Die Geschäftsbanken hätten ja dann mehr Geld zur Verfügung, das sie wieder verleihen können. Genauso würden die fiskalpolitisch abgeschöpften Mittel wieder in den Wirtschaftskreislauf zurückgeführt, wenn der Staat seine Einnahmen oder Überschüsse in Wertpapieren anlegen würde. Auch dann würde den Verkäufern (Geschäftsbanken oder privaten Wirtschaftssubjekten/Unternehmen) mehr Geld zufließen, das diese verleihen oder selbst zu Güterkäufen verwenden könnten.

Deshalb ist auch im § 7 des Stabilitätsgesetzes vorgeschrieben, daß die aus der Konjunkturausgleichsrücklage angesammelten Gelder auf Konten der Bundesbank stillgelegt werden müssen.

1.5 Hindernisse für eine wirkungsvolle Inflationsbekämpfung über antizyklische Fiskalpolitik

Nun verläuft der Versuch der Nachfrageverringerung durch antizyklische Fiskalpolitik in der Praxis nicht so glatt und wirkungsvoll, wie es in der Theorie manchmal erhofft und unterstellt wird.

Notwendige Voraussetzungen für den Erfolg einer antizyklischen staatlichen Haushaltspolitik sind:

(a) das Vorhandensein einer genügend großen haushaltspolitischen Manövriermasse,

(b) einheitliche, geschlossene Vorgehensweise aller staatlichen Instanzen,
(c) schnelle Wirkung des fiskalpolitischen Instrumentariums.

Diese Voraussetzungen sind aber nur unvollkommen gegeben.

zu (a): Eine zu geringe haushaltspolitische Manövriermasse dürfte
bei einer Boomsituation eigentlich die geringste Gefahr
darstellen, denkt der gesunde Menschenverstand, – besonders da es nur darum geht, Mittel „stillzulegen" und nicht
wie in Rezessionen zusätzliche Mittel über eine Erhöhung
der Staatsverschuldung zu beschaffen. Und über genug
Mittel verfügt doch der Staat auch: Schließlich liegt der
Anteil der staatlichen Steuereinnahmen am gesamtwirtschaftlichen Bruttosozialprodukt, die sog. „Steuerquote",
bei rund ein Viertel. Doch gibt es auch hier Probleme:
Zum einen ist ein großer Teil der staatlichen Ausgaben per
Gesetz oder durch internationale Verträge festgelegt und
zumindest nicht kurzfristig verringerbar. Zum anderen
können staatliche Leistungen – sind sie einmal erbracht
worden – nicht mehr so leicht reduziert werden. Den har-
ten Widerstand der Lobbyisten (der Vertreter der einzelnen Interessengruppen in den Regierungsstätten) gegen
auch nur geringe Leistungseinschränkungen des Staates
gegenüber ihren Interessengruppen kann jeder von uns
selbst mitverfolgen bei dem Gerangel um die jährliche
Haushaltsfestsetzung der staatlichen Instanzen.

zu (b): Ein zusätzliches Hindernis für die Wirksamkeit fiskalpolitischer Maßnahmen der Inflationsbekämpfung durch staatliche Nachfragereduzierung liegt in der Uneinheitlichkeit der
Vorgehensweise der einzelnen gesetzgebenden Körper-
schaften in ihrer Ausgabenpolitik, wie es sich beispielsweise
in der Vergangenheit in der Bundesrepublik gezeigt hat.
Das Stabilitätsgesetz von 1967 verpflichtet wohl alle staatlichen Instanzen, Bund, Länder und in § 16 auch die Gemeinden, zu gemeinsamer, antizyklischer fiskalpolitischer
Vorgehensweise. Doch erwies es sich in den letzten Jahrzehnten immer wieder, daß gerade die Gemeinden am wenigsten kooperationsbereit oder -fähig waren, eine solche
antizyklische Fiskalpolitik mitzutragen. Die Gemeinden
haben aber eine Schlüsselstellung für die Wirksamkeit
einer solchen Politik, da sie die Haupt-Manövriermasse für
eine staatliche Nachfragereduzierung in Händen halten: In
den Gemeinden werden rund 2/3 aller staatlichen Investi-

tionen getätigt. Und die staatlichen Investitionen sind es gerade, bei denen die größten Variationsspielräume bestehen.

zu (c): Das für die Konjunktursteuerung allgemein bedeutendste Problem beim Einsatz des fiskalpolitischen Instrumentariums liegt in den institutionell bedingten Verzögerungen von der Wahrnehmung einer konjunkturellen Störung bis zur Wirkung des eingesetzten Instrumentariums. Die auftretenden Verzögerungsphasen und ihre Grundlagen sind in Schema 4 aufgeführt:

Durch diese Verzögerungen ist die Gefahr gegeben, daß das eingesetzte fiskalpolitische Instrumentarium erst dann wirkt oder dann noch wirkt, wenn sich die konjunkturelle Situation schon wieder geändert hat, in unserem Fall also: wenn schon wieder eine Rezessions- oder Überangebotssituation eingetreten ist. Die bei einer Übernachfragesituation getroffenen fiskalpolitischen Maßnahmen würden somit die darauffolgende Rezession noch verstärken.

Schema 4: Übersicht der zeitlichen Verzögerungen in der Fiskalpolitik

Verzögerungsphase:	Wahrnehmungsverzögerung	Entscheidungsverzögerung	Durchführungsverzögerung	Wirkungsverzögerung
Zeitspanne zwischen:	dem Eintritt der konjunkturellen Störung, der diagnostischen Identifizierung, der prognostischen Einordnung und der Einsicht in die Handlungsnotwendigkeit	der Einsicht in die Handlungsnotwendigkeit und der Entscheidung über die Stabilisierungsmaßnahme und ihrer Legitimation	der parlamentarischen Legitimation und der administrativen Durchführung	dem Inkrafttreten der Maßnahme und der Beseitigung der konjunkturellen Störung
Grundlage:	Datenerfassung, Kenntnis der ökonomischen Zusammenhänge und Zuverlässigkeit der Diagnose und Prognoseverfahren	Staatlicher Willensbildungsprozeß und Interessengruppen	Durchführungs„trägheit" innerhalb der Administration	Instrumentell bedingte Wirkungsdauer und Reaktionsbereitschaft der privaten Wirtschaftssubjekte

Quelle: H. Friedrich, Stabilisierungspolitik, Wiesbaden 1978, S. 109, Überschriften·ins Deutsche übersetzt

1.6 Antizyklische Fiskalpolitik und Stagflation

Inflationsbekämpfung durch antizyklische Fiskalpolitik, wie sie im Stabilitätsgesetz der Bundesrepublik von 1967 niedergelegt

ist, ist eindeutig auf eine Nachfrageinflation bezogen. In *Stagfla-*
*tions*situationen können durch eine solche Antiinflationspolitik
höchstens Pyrrhus-Siege errungen werden. Die Inflationsrate würde wohl auch in Stagflationen durch eine restriktive Fiskalpolitik
geringfügig eingeschränkt werden, aber nur auf Kosten einer noch
viel stärker ansteigenden Arbeitslosigkeit. Die Gewerkschaften
wären in einer solchen Situation stark geschwächt, könnten also,
wenn überhaupt, nur geringe Lohnerhöhungen durchsetzen, und
auch der Preisüberwälzungsspielraum der Unternehmer wäre eingeschränkt. Der Staat könnte außerdem seine Ausgaben in einer
solchen Situation zunehmender Arbeitslosigkeit nur kürzen, wenn
er gleichzeitig seine Sozialleistungen (Arbeitslosenunterstützung
etc.) drastisch abbauen würde.

2. Einkommens- und Wettbewerbspolitik

2.1 Einkommenspolitik

2.1.1 Ansatzpunkte

Wie eben betont worden ist, ist der Einsatz der Fiskalpolitik
zur Inflationsbekämpfung gesamtwirtschaftlich gesehen problema-
tisch, wenn es sich *nicht* um eine Nachfrageinflation handelt. Besonders in den heute immer häufiger auftretenden Stagflationsphasen kann man die fortwährenden Preisniveauanstiege nicht
mehr auf Übernachfragesituationen auf den Gütermärkten zurück-
führen. Stattdessen ist die Ursache fortwährender Preisniveausteigerungen heutzutage hauptsächlich in der stabilen Einkommens-
forderungs- und -verteilungsstruktur der wirtschaftlichen Gruppen
zu sehen.

Hier versucht die Einkommenspolitik anzusetzen. In Abgren-
zung zur Fiskalpolitik, die eine nachträgliche Umverteilung der
Einkommen (etwa durch höhere Steuern) bewirkt, will sie auf das
Entstehen der Einkommen einwirken.

Wir haben Teile dieser Politik schon in Ansätzen kennengelernt,
und zwar bei der Diskussion der Erfolgschancen eines ,Sozialen
Konsenses' (S. 76ff.). Wie bei der Forderung eines ,Sozialen Konsenses' zielt allgemein die Einkommenspolitik auf eine Verhal-
tensänderung der privaten Wirtschaftssubjekte bei Verteilungsaus-
einandersetzungen ab. Das Ziel ist ein die gesamtwirtschaftlichen
Möglichkeiten und Bedingungen mitberücksichtigendes, stabilitätsbewußtes Verhalten **aller** Wirtschaftssubjekte oder -gruppen. Die
Idee und auch die Praxis einer solchen Einkommenspolitik sind
schon alt(bewährt).

2.1.2 Instrumente der Einkommenspolitik und ihre Wirksamkeit: Maßhalteappelle, Konzertierte Aktion, Preisstopps

Die schwächste Form der staatlichen Einkommenspolitik besteht in den herkömmlichen Aufrufen zu stabilitätsbewußtem Verhalten, die stärkste Form in der Anordnung von rigiden Preis- und Lohnstopps.

(1) **Stabilitätspolitische Appelle** sind heute in allen westlichen Industrienationen an der Tagesordnung. Der „Erfolg" solcher Appelle läßt sich empirisch kaum feststellen, ist aber prinzipiell relativ begrenzt; Ob die einzelnen Wirtschaftssubjekte den staatlichen Appellen jeweils folgen wollen, ist ihre eigene —freiwillige — Sache. Wenn sie sich vorher nicht stabilitätsbewußt verhalten wollten, wieso sollten sie es (in einer auf ‚individualistischer' Programmatik aufgebauten Gesellschaftsstruktur) wegen unverbindlicher Appelle?

(2) Ähnlich verhält es sich mit der heute in der Bundesrepublik wieder häufig geforderten „**Konzertierten Aktion**" zur Erreichung eines ‚Sozialen Konsenses'. Hier wird sozusagen die örtliche und die informationspolitische *Infrastruktur* zur Erreichung eines ‚Sozialen Konsenses' vom Staat angeboten. Das heißt, die Bundesregierung, vertreten durch den Wirtschaftsminister, bietet einen zentralen Verhandlungsort an und *informiert* die in dem Gremium der ‚Konzertierten Aktion' zusammengezogenen Verteilungskontrahenten (vor allem Gewerkschaften und Unternehmerverbände) regelmäßig in den Sitzungen dieses Gremiums über die konjunkturelle Situation, über beabsichtigte wirtschaftspolitische Maßnahmen, über staatliche Zielprojektionen und Prognosen. Das Hauptgewicht liegt dabei auf der Information über den *verteilungspolitischen Spielraum.*

Ob sich die einzelnen vertretenen Wirtschaftsgruppen dann letztlich wirklich „stabilitätsbewußt" verhalten, d.h. sich innerhalb des verteilungspolitischen Spielraums bewegen, darauf hat der Staat als Organisator einer solchen ‚Konzertierten Aktion' keinen direkten Einfluß. Und darin liegt auch in der Praxis die Schwäche und die letztliche Erfolglosigkeit einer herkömmlichen, auf freiwilliger Verhaltenskoordination beruhenden ‚Konzertierten Aktion'.

Es liegt eben nicht an fehlender Information, daß sich gesamtwirtschaftlich rationales, stabilitätsbewußtes Handeln bei den Beteiligten nicht durchsetzt: Die Gewerkschaften wie die Unternehmerverbände haben ihre eigenen wirtschaftswissenschaftlichen Forschungsinstitute, die ihnen gleich gute Informationen über die konjunkturelle Situation liefern wie das Wirtschaftsministerium;

und auch die notwendigen Informationen über die beabsichtigten
wirtschaftspolitischen Maßnahmen und über die staatlichen Zielprojektionen erhalten sie z.b. durch ihre politische Lobby genauso gut. Der Grund für das gemeinsam zu verantwortende notori-
sche inflationsfördernde Verhalten der wirtschaftlichen Gruppen
liegt in der schon ausführlich beschriebenen „Bestrafung" der ge-
samtwirtschaftlich-rational handelnden Individuen oder Gruppen
auf dem Markt.

(3) Wenn die eben beschriebenen „schwächeren" einkommens-
politischen Mittel nicht den erwarteten stabilitätspolitischen Erfolg bringen, greifen die staatlichen Behörden, wie die Vergangenheit zeigte, gern zu schärferem „Geschütz", d.h. zu restriktiveren
administrativen Mitteln. Dies reicht von der Genehmigungspflicht
privat ausgehandelter Tarifabschlüsse über beispielsweise steuerli-
che Sanktionen des Staates gegenüber normabweichendem Preissetzungsverhalten der Unternehmen bis hin zu rigiden staatlichen
Preis- und Lohnstopps. Besonders letztere sind unter den Fachleuten sehr umstritten. Dies liegt vor allem an der ordnungspolitischen
Brisanz solcher Stopps. Besonders ein Preisstopp, dessen Forderung sich ja zumindest in der breiten Öffentlichkeit während andauernder Inflation einer gewissen Popularität erfreut, wird häufig
als gefährlicher ordnungswidriger Eingriff angesehen, der den vielgerühmten marktwirtschaftlichen Selbststeuerungsmechanismus
auf den Güter- und Faktormärkten außer Kraft setzt.

So verlieren, lautet die Behauptung, die Preise bei administrativen Eingriffen ihre Fähigkeit, die Knappheitsverhältnisse der Güter wiederzugeben und als Spiegelbild dieser Knappheitsverhältnisse den Unternehmen zu signalisieren, wo (Über-)Nachfrage besteht und dementsprechend günstige Investitionsmöglichkeiten
vorhanden sind. Die Unternehmen werden stattdessen bei einem
Preisstopp aufgrund falscher oder falsch verstandener Preissignale
falsche Investitionsentscheidungen treffen, was gesamtwirtschaftlich zu Verschwendung von Ressourcen und zu Arbeitslosigkeit
führt. Hier gewinnt allerdings wieder die Tatsache an Bedeutung,
daß es ein allgemein akzeptiertes Verhalten ist, Preise weniger
nach Knappheitsverhältnissen als nach Kosten festzusetzen. Dies
gilt für private Unternehmen genauso wie für öffentliche Unternehmungen.

Zudem werden staatliche Preiskontrollen von vielen als der erste Schritt in eine Zentralverwaltungswirtschaft angesehen, dem
notwendigerweise immer weitere folgen würden.

Diese ordnungspolitischen Bedenken gegenüber den Folgen
eines Preisstopps, die heute sowohl in der Wissenschaft als auch

in den Medien häufig vertreten werden, begründen die Tatsache, daß in der Bundesrepublik Deutschland noch nie ein (genereller) Preisstopp ernsthaft erwogen worden ist, ja nicht einmal gesetzliche Grundlagen dafür existieren. In vielen anderen westlichen Industrienationen wurden dagegen schon häufiger vorübergehend Preis- und auch Lohnstopps eingeführt. Ein weiterer Grund für diese Haltung in der Bundesrepublik sind die bislang relativ niedrigen Inflationsraten.

Genau genommen muß man unterscheiden zwischen einem generellen und einem selektiven Preisstopp.

Ein *genereller* Preisstopp friert sofort (in der Regel vom Tag der Ankündigung an) alle Preise ein, während ein *selektiver* Preisstopp nur die Preise zum Angriffspunkt nimmt, die als besonders inflationstreibend gelten und/oder besondere Härten für gewisse soziale Schichten mit sich bringen (wie beispielsweise die Mietpreise).

Ein genereller Preisstopp fungiert als ein *Warnsignal* der Regierung gegen das Preissetzungsverhalten der Unternehmen und allgemein — verdeutlicht durch einen begleitenden Lohnstopp — gegen das Anspruchsverhalten der Bevölkerung. Diese einschneidende Maßnahme zielt darauf ab, die sogenannte Inflationsmentalität zu brechen. Gleichzeitig gewinnt die Regierung dadurch Zeit, um bei Stagnation Beschäftigungsprogramme genügend lang durchführen zu können, ohne dauernd auf das „Inflationsbarometer" zu schielen.

Gerade Stagflationsphasen, wie sie im Augenblick in vielen westlichen Industriestaaten vorherrschen, sind ja vor allem durch das handlungspolitische Dilemma gekennzeichnet, daß größere (gezielte) Beschäftigungsprogramme zum Abbau von Arbeitslosigkeit in erster Linie aus Angst vor steigender Inflation nicht durchgeführt werden. Dies beschreibt die Situation seit fast schon bald einem Jahrzehnt. Das Argument der Staatsverschuldung kam erst in neuerer Zeit (ab 1980) hinzu. Und das heute brennende Problem der Staatsverschuldung ist von seiner Entstehung her auch nicht unabhängig von diesem Dilemma zu sehen: Wenn der Staat aus Angst vor ausufernder Inflation kurzfristig aufgestellte Beschäftigungsprogramme immer schon bald wieder zurücknimmt oder nur auf Sparflamme laufen läßt, ist klar, daß er dadurch nur kurzfristig eine leichte Verbesserung der Arbeitslosenzahl, langfristig aber einen erhöhten Inflationssockel und eine ständig steigende Staatsverschuldung erreicht. Beschäftigungsprogramme über Staatsverschuldung sind ja nur sinnvoll, wenn dadurch ein wirtschaftlicher Aufschwung erreicht wird, der dem Staat größere

Steuereinnahmen bringt, durch die die Verschuldung wieder abgebaut werden kann. Wenn allerdings über Staatsverschuldung finanzierte Beschäftigungsprogramme — aus Angst vor überhand-
nehmender Inflation — so gering oder kurzatmig installiert werden,
daß das angestrebte Ziel eines wirtschaftlichen Aufschwungs mit
gleichzeitigem Abbau der Arbeitslosigkeit nicht erreicht wird,
bleibt die Staatsverschuldung erhalten und vergrößert sich durch
die laufend anfallenden Zinsen immer mehr. Auf diesem Wege
kann einmal eine Situation entstehen, wo der Staat aufgrund der
so aufgebauten Staatsverschuldung konjunkturpolitisch handlungsunfähig wird (sowohl finanzierungstechnisch als auch legiti-
mationspolitisch durch die aufgebauten Ängste in der Bevölkerung).

Ein Preisstopp bietet — solange die Situation nicht schon zu
„verfahren" ist — einen Ausweg aus dem beschriebenen handlungs-
politischen Dilemma. Ein Preisstopp ist also ein (letztes) Hilfsmittel in ökonomischen Stagflationsphasen — nicht mehr und nicht
weniger.

Daß die Durchführung eines Preisstopps verwaltungstechnische
und auch andere Probleme mit sich bringt, ist unbestreitbar.

So werden vor allem folgende Punkte häufig angeführt:

a) Die Einbeziehung der *Importgüterpreise* in einen generellen
   Preisstopp führt zu Problemen. Wenn die Weltmarktpreise weiter steigen, müßte die Regierung den Importeuren die Differenz
   zwischen den Weltmarktpreisen und den gestoppten Inlands-
   preisen als Subventionen bezahlen.
b) Die Unternehmer können kostenmäßig den Preisstopp dadurch
   „*umgehen*", daß sie
   — ihre Zusatzleistungen einschränken (Gewährung geringerer
     Rabatte, verringerte Serviceleistungen).
   — die Qualität ihrer Güter senken,
   — alte Produkte auslaufen lassen und neue auf den Markt brin-
     gen, für die noch keine Vergleichs-Preise existieren.
c) Wenn die in b) geäußerten Befürchtungen eintreten, entstehen
   unter Umständen sogenannte „graue Märkte", auf denen sonst
   fehlende oder qualitativ bessere Produkte angeboten werden,
   und auf denen sich der Inflationsprozeß fortpflanzt.
d) Zudem können auch außenwirtschaftliche, vor allem Wechsel-
   kurs-Probleme auftreten, wenn das „Vertrauen" des Auslands
   (speziell der ausländischen Kapitalanleger) in die inländische
   Währung aufgrund des eingeführten inländischen Preisstopps
   „schwindet".

128 e) Schließlich ist auch zu erwarten, daß bei Wiederaufhebung der Preiskontrollen ein gewisser „Nachholeffekt" auftritt, der die Preise dann wieder stärker steigen läßt.

An diesen Argumenten ist sicherlich etwas dran. Nur ist doch sehr zu bezweifeln, ob man sie als so gewichtig ansehen kann, daß man deswegen die Chance (wenn man sie sieht) auf einen wirtschaftlichen Aufschwung mit der Schaffung hunderttausender Arbeitsplätze nicht wahrnimmt. Zudem sind Entwicklungen, wie sie insbesondere in b) angesprochen sind, nicht an Preisstopps gebunden, sondern sind allgemein wirkende Tendenzen. Sie werden durch den systemimmanenten Drang (und Zwang) zur möglichst hohen Gewinnerzielung der Unternehmen ausgelöst, und könn(t)en nur durch (größere) Wirksamkeit von Konkurrenzbeziehungen zwischen den Unternehmen gering gehalten werden.

Insofern sind das auch nicht die zentralen Bedenken der Politiker gegen die Anwendung eines Preisstopps (wenn sie auch manchmal als die zentralen vorgeschoben werden), sondern die oben schon geschilderten ordnungspolitischen oder weltanschaulichen. Die Berührungsängste mit Systemelementen wie Plan, Planwirtschaft und Sozialismus sind somit die letztlichen Gründe für das heute relativ seltene Anwenden von auch nur selektiven, auf spezifische inflationstreibende Preisbereiche hinzielenden staatlichen Preisstopps oder Preiskontrollen in den westlichen Industrienationen.

2.2 Wettbewerbspolitik

Ein staatlich angeordneter Preisstopp bekämpft nicht die Ursachen der Inflation. Er ist lediglich ein Hilfsmittel in Stagflationen, das vorübergehend angewandt werden kann, um die konjunkturpolitische Handlungsunfähigkeit zu überwinden, die aus der Angst vor steigender Inflation entstehen kann. Es scheint, daß man durch wettbewerbspolitische Maßnahmen die Ursachen permanenter Preisniveausteigerungen eher bekämpfen kann.

Wie wir inzwischen zur Genüge wissen, kann man die heute übliche unternehmerische Preissetzung nicht mehr als marktdeterminiert oder marktwirtschaftlich bezeichnen. Sie gleicht einer weitgehend schematischen Überwälzung von Kostensteigerungen. Insofern ist auch das im letzten Abschnitt beschriebene Argument der Behinderung des marktwirtschaftlichen Selbststeuerungs- oder Preismechanismus bei Einführung von staatlichen Preiskontrollen nicht so stichhaltig. Behindert ist der vielgerühmte marktwirtschaftliche Steuerungsmechanismus auch bei „flexiblen" Preisen,

und zwar durch die spezifische kostenorientierte Preissetzungs-
form der Unternehmen selbst. (Insofern ginge es wenn überhaupt
nur um die Frage des „mehr oder weniger"-Behindertseins.)

Wie nun viele empirische Untersuchungen vor allem in den
70er Jahren gezeigt haben, tritt diese im Prinzip marktinkonfor-
me Preissetzungspolitik der Unternehmen am stärksten gerade in
Bereichen auf, in denen der Wettbewerb nicht mehr recht funktioniert bzw. – was oft gleichsetzbar ist – in denen sich nur wenige Anbieter gegenüberstehen. Insofern kann man den Wettbe-
werbsverlust bzw. die Oligopolisierung der Märkte selbst als eine
zentrale Ursache des heutigen Inflationsprozesses ausmachen. Ein
Abbau dieser Oligopolisierungstendenzen wäre danach zugleich
als eine Antiinflationspolitik kennzeichenbar. Er würde unter Umständen die Preispolitik der Unternehmen ändern. Deshalb kann
man diese Politik auch als eine spezifische, indirekte Form der
Einkommenspolitik betrachten.

Wie sieht es nun mit der **Wirksamkeit** einer Wettbewerbspolitik
als Antiinflationspolitik aus?

Zielsetzung einer solchen Politik müßte es sein, die Marktmacht
und damit die Preissetzungsmacht oligopolistischer oder konzentrierter Unternehmen und Verbände zu brechen. Man kann zu
den Erfolgschancen einer solchen Politik hier in aller Kürze zwei
Punkte anführen:

Erstens wirkt eine Wettbewerbspolitik in aller Regel nur *langfristig*. Zur kurz- und mittelfristigen Inflationsbekämpfung ist sie
daher nicht geeignet. Nichtsdestoweniger kann sie begleitend, sozusagen als „Flankenschutz", angewandt werden.

Zweitens sind Zweifel angebracht, ob Großunternehmen, insbesondere die multinationalen Konzerne, noch national oder
überhaupt kontrolliert **und**, was noch schwieriger ist, „verkleinert"
(entkonzentriert) werden können. Die Macht bzw. der Handlungs-
spielraum eines das kapitalistische Wirtschaftssystem bejahenden
Staates dürfte dafür zu gering sein. Die weitgehend wirkungslose
Politik des bundesdeutschen Kartellamtes seit mehr als 20 Jahren
spricht dafür Bände.

3. Geldpolitik

Weder die Einkommenspolitik noch die Wettbewerbspolitik
konnten – so wie sie betrieben wurden – in den 70er Jahren den
Anstieg der Inflation vermeiden. Deshalb legte man in den letzten
Jahren in vielen westlichen Industrienationen das Hauptaugen-
merk auf die **Geldpolitik**.

130   Allgemeines **Ziel** einer der Inflationsbekämpfung dienenden Geldpolitik ist die Ein- oder **Beschränkung der Finanzierungsspielräume** der Haushalte und Unternehmen auf ein Maß, das Inflation nicht zuläßt. Ein stetiger allgemeiner Preissteigerungsprozeß ist ja nur möglich, wenn er finanziert wird, d.h. wenn genügend Geldmittel oder Finanzmasse vorhanden ist, um immer höhere Preise für Maschinen, Vorleistungen, Arbeitskräfte usw. bezahlen zu können.

Nun gibt es verschiedene Möglichkeiten, ja auch verschiedene wirtschafts-(geld-)politische Konzeptionen, um die Finanzierungsspielräume der Wirtschaftssubjekte einzuschränken. Die beiden, auch in der wirtschaftspolitischen Praxis „erprobten", Haupt-Konzeptionen sind

a) die — oft als (post)keynesianisch apostrophierte — sogenannte „diskretionäre" **Geldpolitik**, und

b) die sog. „monetaristische" **Geldpolitik**.

3.1 Diskretionäre Geldpolitik

3.1.1 Ansatzpunkt

Ansatzpunkt der diskretionären[1]) Geldpolitik ist die „**Kreditschöpfung**" der Geschäftsbanken. In den heutigen modernen Geldwirtschaften wird ein Großteil der unternehmerischen Investitionen wie auch ein ansehnlicher Teil der privaten Käufe über Kredite von Geschäftsbanken finanziert. Durch diese Kreditgewährung kommt insgesamt mehr Geld als vorher in den Wirtschaftskreislauf. Unter **Geld** versteht man nämlich offiziell nicht nur Münzen und Banknoten, sondern auch Sichtguthaben (Guthaben auf Girokonto) von inländischen Wirtschaftssubjekten (Nichtbanken) bei den Geschäftsbanken.[2]) Bei der Kreditgewährung werden nun die Sichtguthaben erhöht: Die Kreditgewährung verläuft ja in der Regel so, daß die Geschäftsbank dem Kreditnehmer

---

[1]) „*Diskretionär*" heißt hier: „dem eigenen Ermessen der geldpolitischen Instanzen anheimgestellt"; man kann auch sagen: „von Fall zu Fall eingesetzt".

[2]) Es gibt offiziell drei verschiedene Geld-**Begriffe**:
(1) die obige (enge) Definition, die man auch „Geldmenge M 1" oder Geldvolumen im engeren Sinne nennt;
daneben verwendet man noch die „weiteren" Begriffe:
(2) die „Geldmenge M 2", die noch zusätzlich die Termineinlagen mit bis zu 4 Jahren Befristung einschließt, und
(3) die „Geldmenge M 3", die noch dazu die Spareinlagen mit gesetzlicher Kündigung erfaßt.

in der Höhe der Kreditzusage ein Sichtguthaben auf Girokonto einräumt. Die Geschäftsbank schafft („schöpft") so selbst Geld, sogenanntes *Giral-* oder *Buchgeld,* das die Kreditnehmer abrufen (z.B. in bar abheben oder auf andere Girokonten von Geschäftspartnern überweisen) und damit kaufkraftwirksam machen können.

Die Technik dieser Buchgeldschöpfung beruht darauf, daß die Banken (insgesamt) stets ein Vielfaches von dem, was sie von den Sparern als Einlagen erhalten, als Kredite weiterverleihen können: Denn die Kreditnehmer heben ja immer nur einen Teil von den erhaltenen Krediten in bar ab. Der Großteil verbleibt dauernd innerhalb des Bankensystems und kann deshalb (bis zu gewissen Grenzen) immer wieder als Kredit weitervergeben werden. Er bewegt sich nur innerhalb der Bilanz-„Bücher" der Banken (deshalb der Ausdruck „Buchgeld"); mit anderen Worten: er wandert nur von einem Girokonto zum anderen innerhalb des Bankensystems. Dies kann man als *die* Errungenschaft des bargeldlosen Zahlungsverkehrs ansehen.

Inflationsbekämpfung mit Hilfe der diskretionären Geldpolitik zielt nun auf eine Einschränkung dieser Kreditgewährung und damit Geldvermehrung der Geschäftsbanken hin.

Anknüpfungspunkte dieser Inflationsbekämpfungsstrategie sind sowohl die Entstehungsgrundlagen für das Kredit*angebot* der Geschäftsbanken als auch die Bedingungen für die Kredit*nachfrage* der Kunden.

Das **Kreditangebotsvolumen** der Geschäftsbanken hängt von der „Liquidität" der Banken und von der „Rentabilität" der Kreditgeschäfte ab. Je liquider die Banken sind, d.h. je mehr Zentralbankgelder (= Banknoten + Sichtguthaben bei der Zentralbank) sie zur freien Verfügung haben, und je höher die Rentabilität der Kreditvergabe ist, d.h. je mehr die Banken an der Kreditvergabe verdienen können, um so größer wird das Kreditangebot der Geschäftsbanken ausfallen.

Auf der anderen Seite ist für den Umfang der **Kreditnachfrage** entscheidend, wie hoch die Kreditkosten relativ zum erwarteten Ertrag oder Nutzen aus der Kreditaufnahme sind. Je geringer das Verhältnis Kreditkosten : erwarteter Ertrag ausfällt, um so größer wird das Kreditnachfragevolumen der Haushalte und Unternehmen sein.

Nun versucht die diskretionäre Geldpolitik, genau auf diese entscheidenden Bestimmungsfaktoren des Kreditvolumens steuernd Einfluß zu nehmen.

Wie kann man sich das näher vorstellen?

3.1.2 Träger und Instrumente der Geldpolitik

Wir haben im letzten Abschnitt immer so abstrakt-allgemein von den Absichten „der Geldpolitik" geredet. Nun wird es Zeit, endlich einmal „Roß und Reiter" konkret zu nennen. Wenn wir von „der Geldpolitik" sprechen, meinen wir gemeinhin die Politik der **Zentralbank**, bei uns „Bundesbank" genannt. Der Grad der Autonomie der Zentralbank gegenüber der Regierung ist von Land zu Land unterschiedlich. In der Bundesrepublik Deutschland ist die **Bundesbank** bislang mit einer relativ großen Autonomie ausgestattet. Das „Gesetz über die Deutsche Bundesbank" vom 26. Juli 1957 weist der Bundesbank die Rolle des primär für die Stabilisierung des Geldwertes verantwortlichen *Trägers der Geldpolitik* zu. So heißt es in § 3 des Bundesbankgesetzes:

„Die Deutsche Bundesbank regelt mit Hilfe der währungspolitischen Befugnisse, die ihr nach diesem Gesetz zustehen, den Geldumlauf und die Kreditversorgung der Wirtschaft mit dem Ziel, die Währung zu sichern, und sorgt für die bankmäßige Abwicklung des Zahlungsverkehrs im Inland und mit dem Ausland."

Und in § 12:

„Sie ist bei der Ausübung der Befugnisse, die ihr nach diesem Gesetz zustehen, von Weisungen der Bundesregierung unabhängig."

Die alleinige Zuständigkeit der Bundesbank für den Geldumlauf (nur sie allein hat beispielsweise das Recht, Banknoten auszugeben) und für die Kreditversorgung der Wirtschaft ist bewußt gesetzlich fixiert worden. Sie soll die mißbräuchliche Ausnutzung der Geldschaffungsmöglichkeit der Bundesbank durch den Staat, sprich: die jeweilige Regierung, verhindern. Solcher Mißbrauch war ja durchgehend die Grundlage für die Hyperinflationen dieses Jahrhunderts im Rahmen von Kriegs- und Nachkriegsfinanzierungen.

Nun enthebt die formelle Selbständigkeit der Bundesbank diese aber nicht von ihrer Mitverantwortung für die gesamtwirtschaftliche Politik. Insofern heißt es auch in § 12 des Bundesbankgesetzes:

„Die Deutsche Bundesbank ist verpflichtet, unter Wahrung ihrer Aufgabe die allgemeine Wirtschaftspolitik der Bundesregierung zu unterstützen."

Hierfür sind dann auch im Gesetz konkrete Koordinationsmechanismen angeführt.

Nun aber zu den **Instrumenten der Bundesbank,** die es dieser ermöglichen, bei Inflation nach dem Muster der diskretionären Geldpolitik die Kreditschöpfung der Geschäftsbanken einzuschränken! Allgemein kann man die geldpolitischen Instrumente der Bundesbank in die folgenden Kategorien einteilen[1]):

1. *Die Refinanzierungspolitik*: Hierzu zählen die Festlegung des Diskontsatzes, des Lombardsatzes und der Rediskont- bzw. Lombardkontingente. („Diskontsatz" und „Lombardsatz" sind Zinssätze, die die Bundesbank berechnet (abzieht), wenn sich die Geschäftsbanken bei ihr durch Hingabe von Wechseln (Diskontkredite) oder Verpfändung von Wertpapieren (Lombardkredite) refinanzieren. Die „Rediskont-" bzw. „Lombardkontingente" legen das Refinanzierungsvolumen durch Hingabe von Wechseln bzw. Verpfändung von Wertpapieren fest.)
2. *Die Offenmarktpolitik*: Darunter versteht man den An- und Verkauf von speziellen Wertpapieren (Schatzwechseln und Schatzanweisungen des Bundes, auch langfristige Staatsanleihen etc.) durch die Bundesbank auf dem Wertpapiermarkt.
3. *Die Mindestreservepolitik*: Die Bundesbank kann die Geschäftsbanken aufgrund gesetzlicher Vorschriften zwingen, einen gewissen Prozentsatz („Mindestreservesatz") der Einlagen (Sicht-, Termin- und Spareinlagen) von Nichtbanken zinslos auf Girokonto bei ihr anzulegen.
4. *Die Einlagen-Schulden-Politik*: Hierdurch soll die Einlagenbildung wie auch die Kreditnahme der öffentlichen Hand bei der Bundesbank stabilitätszielorientiert geregelt werden. So wird die öffentliche Hand durch Vorschriften des „Bundesbankgesetzes" verpflichtet, flüssige Mittel auf Girokonto bei der Bundesbank stillzulegen. Entsprechend sind für die Kreditgewährung der Bundesbank an die öffentliche Hand im Bundesbankgesetz Grenzen gesetzt.
5. Die *Kurssicherungs-* oder *Swappolitik*: Mit dieser im Prinzip nur bei festen Wechselkursen angewendeten Politik versucht die Bundesbank, unerwünschte Devisenzuflüsse wieder ins Ausland zurückzuführen, indem sie den einheimischen Geschäftsbanken kursgesicherte Auslandstermingeschäfte anbietet.

---

[1]) Hier können die geldpolitischen Instrumente nur stichwortartig angesprochen werden. Die räumliche Begrenzung der Darstellung der Inflationshintergründe in diesem Buch zwingt, besonders in diesem Kapitel über die Inflationsbekämpfungsmaßnahmen, eigentlich immer wieder zum Verweis auf die im Literaturanhang angegebene Spezialliteratur zu den einzelnen Punkten. Der Leser möge dies bitte beherzigen.

3.1.3 Geldpolitische Inflationsbekämpfungsmaßnahmen

Die zentralen Anknüpfungspunkte eines Versuchs der Bundesbank, die Kreditschöpfung der Geschäftsbanken einzuschränken, sind wie oben beschrieben

a) das Kreditangebot der Geschäftsbanken, speziell ihre Voraussetzungen: Liquidität und Rentabilität, und

b) die Kreditnachfrage der Kunden bzw. ihr Bestimmungsfaktor: das Verhältnis von Kreditkosten zum erwarteten Ertrag einer Kreditaufnahme.

zu a): Die *Liquidität* (als die materielle Grundlage der Möglichkeit von Kreditvergaben) der Geschäftsbanken kann die Bundesbank durch verschiedene der eben beschriebenen geldpolitischen Maßnahmen-Instrumente reduzieren. Insbesondere die Offenmarktpolitik und die Mindestreservepolitik spielen hierbei eine bedeutende Rolle. Im Zuge von Offenmarktoperationen bietet die Bundesbank den Geschäftsbanken (und seit einigen Jahren auch Nichtbanken) spezielle Wertpapiere zum Kauf an, deren Verzinsung über der der normalerweise am Geld- oder Kapitalmarkt gehandelten Papiere liegt. Gehen die Geschäftsbanken auf dieses lukrative Angebot ein, so hat die Bundesbank ihr Teil-Ziel erreicht: Sie hat den Geschäftsbanken Zentralbankgeld entzogen. Die freien Liquiditätsreserven der Geschäftsbanken sinken dadurch, so daß diese weniger Kredite vergeben können.

Wirksamer noch als die Offenmarktpolitik ist zur Beschneidung der freien Liquiditätsreserven der Geschäftsbanken die Mindestreservepolitik: Die Bundesbank setzt in diesem Fall einfach die Mindestreservesätze höher.

Die *Rentabilität* der Kreditvergabe der Geschäftsbanken dagegen kann die Bundesbank am leichtesten durch eine Erhöhung der Diskont- und Lombardsätze senken. Dadurch werden für die Geschäftsbanken die Refinanzierungsmöglichkeiten bei der Bundesbank teurer.

zu b): Die Kredit*nachfrage* der Wirtschaftssubjekte kann die Bundesbank nur indirekt beeinflussen, und zwar dadurch, daß sie den Diskont- und Lombardsatz anhebt. Dadurch kommt nämlich in der Regel das gesamte Zinsniveau am Geld- und auch am Kapitalmarkt in Bewegung, da die Geschäftsbanken ähnlich den anderen Wirtschaftsunternehmen versuchen werden, die für sie gestiegenen Kosten der Refinanzierung auf den Preis, d.h. hier: den Kreditzins, und somit auf die Kreditkunden abzuwälzen.

3.1.4 Wirkungsbeschränkungen

Wie Sie sich selbst schon denken werden, kann die Bundesbank mit den beschriebenen Mitteln die Kreditschöpfung der Geschäftsbanken wie insgesamt die Geldmengenentwicklung nur unvollständig steuern.

a) So besitzen die Geschäftsbanken in der Regel immer noch mehr oder minder große Verhaltensspielräume, die es ihnen ermöglichen, kurzfristig andere Liquiditätsreserven freizumachen. Solange sie nämlich noch auf Liquiditätsreserven in Form von inländischen Geldmarktpapieren, unausgenutzten Rediskontkontingenten, freiem Lombardspielraum u.ä. zurückgreifen können, können sie diese jederzeit auflösen (in Zentralbankgeld eintauschen) und so eine auf Liquiditätsbeschränkung ausgerichtete Politik der Bundesbank konterkarieren.

b) Doch auch wenn die Liquiditätsreserven der Geschäftsbanken von der Bundesbank völlig ausgetrocknet werden könnten, wäre damit der Finanzierungsspielraum der Wirtschaftssubjekte, insbesondere der Großunternehmen, und damit die Geldmengenentwicklung, noch immer nicht ganz unter Kontrolle. Denn: Zum einen gibt es neben den Banken eine Reihe anderer Kreditgeber, die kaum von den geldpolitischen Maßnahmen der Bundesbank betroffen werden. Dazu gehören z.B. Finanzmakler, Kapitalanlage- und Beteiligungsfinanzierungsgesellschaften, Teilzahlungskreditinstitute, Realkreditinstitute, aber auch Bausparkassen, Sozialversicherungen und Individualversicherungen. Und zum anderen besteht die Möglichkeit der Kreditaufnahme im Ausland. Besonders Großunternehmen können sich auf diese Weise auch in „angespannten" Finanzierungszeiten leicht(er) Geld beschaffen. Schließlich existieren auch direkte Kreditbeziehungen zwischen Haushalten und Unternehmen in Form von Lieferantenkrediten und persönlichen Krediten.

c) Noch weniger als das Kreditangebotsvolumen läßt sich die Kredit*nachfrage* der Haushalte und Unternehmen kontrollieren. Die entscheidende Größe bei der Kreditnachfrage sind nicht die von der Bundesbank indirekt beeinflußbaren Kreditkosten allein, sondern die erwarteten Erträge bzw. Gewinne bei einer Investition insgesamt. Die Kreditkosten stellen dabei nur *einen* Faktor dar, und meist gar nicht den wichtigsten. Solange beispielsweise ein Unternehmen einen hohen Ertrag aus einer Investition erwartet, wird es sich nicht durch höhere Kreditkosten abschrecken lassen — insbesondere wenn es keine großen Schwierigkeiten sieht, die gestiegenen Kreditkosten auf die Preise zu überwälzen. Letzteres ist besonders in Phasen der Hochkonjunktur und bei oligopoli-

136 stischen Unternehmen anzunehmen. Zudem werden Unternehmen langfristige Investitionsvorhaben nicht immer ohne weiteres wegen gestiegener Kreditkosten unterbrechen (können).

d) Nicht zuletzt treten, ähnlich wie oben bei der Fiskalpolitik (S. 122) geschildert, auch bei der Geldpolitik *zeitliche Verzögerungen* bei ihrer Anwendung auf, so daß eine Feinsteuerung der Geldpolitik von daher schon unmöglich ist. Verzögerungen sind auch hier wieder sowohl bei der Wahrnehmung eines Problems, der Entscheidung und der Durchführung als auch in der Wirkung auf die Verhaltensweisen der Zielgruppen zu berücksichtigen.

Diese Schwierigkeiten der Bundesbank bei der Geldmengensteuerung wurden insbesondere in der geldpolitischen Krise von 1970–1973 deutlich. Die Bundesbank bemühte sich damals, eine immer stärkere Geldmengenvermehrung zu bremsen, die von zwei Seiten hervorgerufen wurde: einmal von der heimischen konjunkturellen und verteilungspolitischen Entwicklung und zum anderen von den zu dieser Zeit riesigen Devisenzuflüssen aus dem Ausland. Dies gelang ihr lange Zeit nicht. Erst 1973 bekam die Bundesbank die Geldmengenentwicklung in den Griff, indem sie ihren gesamten geldpolitischen Instrumentenkasten gleichzeitig einsetzte. Sie hob den Diskont- und Lombardsatz drastisch an, senkte die Rediskontkontingente, erhöhte gleichzeitig die Abgabesätze für Offenmarktpapiere, sie verstärkte die Offenmarktgeschäfte auch mit Nichtbanken und hob die Mindestreservesätze beträchtlich an. Die entscheidende, in Zusammenarbeit mit der Bundesregierung getroffene, Begleitmaßnahme war allerdings die Aufkündigung des bis dahin geltenden Internationalen Währungsabkommens mit festen Wechselkursrelationen. Durch diesen kombinierten Einsatz ihrer Instrumentarien gelang es der Bundesbank schließlich, die Geschäftsbanken „auszutrocknen", d.h. ihre freien Liquiditätsreserven bis auf einen Wert „nahe Null" zu beschneiden.

Die längerfristig bedeutsamste Konsequenz, die die Bundesbank aus diesen erfahrenen Schwierigkeiten gezogen hat, besteht in der Neuorientierung ihres geldpolitischen Kurses seit 1973, die mit einer gewissen Hinwendung zum „monetaristischen Konzept" gleichgesetzt werden kann.

3.2 Die monetaristische Alternative

Die Hinwendung der Bundesbank zu einem in den Grundzügen monetaristischen Kurs geht parallel mit einem überhaupt seit Anfang/Mitte der 70er Jahre stetig zunehmenden Vordringen des Monetarismus in der Wirtschaftswissenschaft wie auch in der Wirtschaftspolitik der westlichen Industrienationen.

Sichtbare Anzeichen für die letztere Tendenz sind die fast überall zunehmenden Mißtrauensbekundungen gegenüber staatsadministrativen Eingriffen und die gleichzeitigen Vertrauensbekenntnisse in die Selbstheilungskräfte des Marktes. Am stärksten hat sich die Kehrtwendung von einem sozialstaatlichen, keynesianisch orientierten Kurs der Wirtschaftspolitik hin zu einem auf die Marktkräfte vertrauenden, monetaristischen Kurs in Großbritannien und in den USA während der letzten Jahre durchgesetzt. Die Wirtschaftspolitik in Großbritannien unter Margaret Thatcher wurde 1979 gleichsam als Test-Anwendung der monetaristischen Theorie konzipiert.

Doch, wie schaut nun das monetaristische Wirtschaftsbild näher aus?

3.2.1 Das monetaristische Wirtschaftsbild

Die Monetaristen gehen im Gegensatz zu den Keynesianern davon aus, daß sich die Wirtschaft unter marktwirtschaftlich-kapitalistischen Strukturbedingungen im Prinzip immer wieder „von selbst" — durch die Funktionsfähigkeit des „Preismechanismus" — stabilisiert. Das bedeutet, es besteht eine systemimmanente Tendenz zum Marktgleichgewicht. Längerfristige Wirtschaftskrisen sind demnach immer als durch äußere Störungen, vor allem durch Staatseingriffe, verursacht interpretierbar. Die Monetaristen weisen sich dadurch als harte Verfechter der „alten" neoklassischen Wirtschaftstheorie aus. Das Spezielle an ihrer Theorie ist die Konjunkturerklärung, d.h. die Erklärung des zyklischen Charakters wirtschaftlichen Wachstums. Dieser zyklische Charakter mit konjunkturellen Auf- und Abwärtsbewegungen kann nach der monetaristischen Theorie nicht primär auf reale Größen wie beispielsweise Investitions- oder Sparverhalten zurückgeführt werden, sondern der Grund dafür ist im monetären Bereich der Wirtschaft zu suchen. Konkret gesagt, der konjunkturelle Krisenfaktor wird in der in der Volkswirtschaft umherlaufenden Geldmenge gesehen. Unerwartete Geldmengenänderungen lösen bei den Wirtschaftssubjekten Anpassungsprozesse in der Vermögenshaltung aus, die zu Verzerrungen innerhalb der volkswirtschaftlichen Preisstruktur führen. (Vgl. S. 55ff.) Dadurch wird für einige Zeit — so die These — der marktwirtschaftliche Selbststeuerungs- oder Preismechanismus außer Kraft gesetzt bzw. von den Preiseffekten der monetär bedingten Vermögensumschichtungshandlungen der Wirtschaftssubjekte „dominiert".

Die daraus zu ziehenden wirtschaftspolitischen Konsequenzen liegen dann — bei einer solchen Sichtweise — klar auf der Hand.

3.2.2 Alternative: „Keine Geldpolitik"

Wenn die konjunkturellen Störungen auf unerwartete Geld-mengenänderungen zurückzuführen sind, kommt es eben darauf an, solche zu vermeiden, und das bedeutet: die Geldmengenentwicklung so stetig und voraussehbar wie möglich zu gestalten. Die Zentralbank hat demnach (nach den Vorstellungen der Monetaristen) die Aufgabe, *das* Geldmengenwachstum, das sie direkt und genau bestimmen kann – und das ist das Wachstum der Zentralbankgeldmenge –, *vorher* langfristig festzulegen, bekanntzumachen und nicht davon abzuweichen – egal was für andere „unangenehme" Umstände, denken Sie an Arbeitslosigkeit oder Unterversorgung, eintreten. Nichts anderes versucht immer noch die englische Premierministerin Margaret Thatcher. Indem die Zentralbank die konstante Geldmengenwachstumsrate ankündigt und durchhält, schafft sie nach Ansicht der Monetaristen die Voraussetzungen für eine langfristig optimale, stabile Wirtschaftsplanung der Haushalte und Unternehmungen. Diesem Vorschlag versucht auch die Deutsche Bundesbank seit 1975 zu folgen und kündigt für jedes Jahr im voraus die für stabilitätskonform erachtete Expansionsrate der Zentralbankgeldmenge an, die nicht überschritten werden soll.

Nun bedeutet aber die monetaristische Alternative zur bisherigen diskretionären Geldpolitik mehr als diese von der Bundesbank durchgeführte Ankündigung: Sie bedeutet letztlich eine Lossagung von, ein Überbordwerfen der meisten uns bekannten und bisher als wirkungsvoll betrachteten geldpolitischen Instrumente. So forderte *Milton Friedman*, der geistige „Übervater" der Monetaristen, schon vor mehr als zwei Jahrzehnten die Abschaffung der Refinanzierungspolitik, durch die sich die Geschäftsbanken bei der Zentralbank durch Einreichung von Wechseln oder Wertpapieren refinanzieren können, wie auch die Stillegung der Mindestreservepolitik. Diese radikale Abwendung von der diskretionären Geldpolitik hat die Deutsche Bundesbank – wie Sie wissen werden – bisher nicht vollzogen: Insofern kann ihre Politik auch nicht als typisch „monetaristisch" bezeichnet werden.

Zudem plädieren die Monetaristen für flexible Wechselkurse und damit auch für die Abschaffung oder Überflüssigmachung der Kurssicherungspolitik der Zentralbanken.

Letztlich bedeutet die geldpolitische Alternative der Monetaristen somit: *Keine (herkömmliche) Geldpolitik mehr!*

Besonders die zeitlichen Wirkungsverzögerungen bei der Anwendung der Instrumente der diskretionären Geldpolitik werden von den Monetaristen immer wieder gegen diese ins Feld geführt.

Aufgrund dieser Wirkungsverzögerungen sei nicht auszuschließen,
daß die geldpolitischen Maßnahmen prozyklisch wirken, d.h. erst
zu wirken beginnen, wenn die konjunkturelle Lage wieder in die
gegenläufige Richtung umgeschlagen ist, und so den Krisenprozeß
dann nur verstärken.

Es bleibt anzumerken, daß es nicht nur die Geldpolitik ist, der
die Monetaristen den Garaus machen wollen, sondern auch die
Fiskalpolitik. Dort wird von den Monetaristen in der Hauptsache
ebenso mit den zeitlichen Wirkungsverzögerungen bei der Anwendung des finanzpolitischen Instrumentariums argumentiert, die zu
einer voraussehbaren destabilisierenden Wirkung der Finanzpolitik führten.

3.2.3 Inflationsbekämpfungskonzept

Wie die Ihnen wahrscheinlich aus den Zeitungen bekannte wirtschaftspolitische Praxis in England zeigt, fordern die Monetaristen
zur Inflationsbekämpfung eine langandauernde harte, restriktive
Geldmengenpolitik. Die Finanzierungs- oder Verteilungsspielräu-
me sollen von der Zentralbank bzw. der Regierung, die nach Ansicht der Monetaristen die Zentralbank stärker kontrollieren müßte, so eng gestaltet werden, daß keine Möglichkeiten mehr zu
Preiserhöhungen bestehen.

Die Herbeiführung oder Verstärkung einer Rezession wird dabei von den Monetaristen bewußt in Kauf genommen, um vor allem durch die damit verbundene steigende Arbeitslosigkeit die
Ansprüche der Wirtschaftssubjekte „herunterzuzwingen". Arbeitslosigkeit wird als unvermeidliches Opfer für die vergangenen Sün-
den destabilisierender Staatseingriffe und damit aufgebauter, als
unmäßig betrachteter Anspruchshaltungen der Wirtschaftssubjekte angesehen. In einer langanhaltenden Rezession wird es nach
Ansicht der Monetaristen auch erst möglich, die „ungesunde"
Macht und „Halsstarrigkeit" der Gewerkschaften zu brechen.

Daß eine solche Politik, was die Reduzierung der Inflation betrifft, sicherlich wirksam und erfolgreich ist, kann nicht bestritten
werden, — die Frage ist nur: zu welchem Preis?
In einer Ausgangssituation der Stagflation gleicht diese Politik einem langsamen Harakiri. Monetarismus ist gleichsam die Pille, die
einem am ‚Makel' der Dickleibigkeit leidenden Menschen wohl
zur Abmagerung verhilft, ihn aber gleichzeitig vergiftet und damit
letztlich umbringt. ‚Operation gelungen – Patient tot' könnte
man sagen.

Die monetaristische Starrköpfigkeit, wie sie sich in England wi-
derspiegelt, beruht auf der Hoffnung bzw. dem Glauben, daß lang-

fristig dadurch, daß die Inflationsrate zurückgeht, die Unternehmen wieder stärker investieren. Dies ist natürlich nur dadurch vorstellbar, daß die Löhne mit der immer stärker steigenden Arbeitslosigkeit drastisch sinken, und die Gewinnaussichten der Unternehmen besser werden. Ob dies allerdings wirklich zu stärkeren Investitionen der Unternehmen führt, ist sehr fraglich, da ja bei gebremster Wirtschaft, starker Arbeitslosigkeit und gesunkenen Reallöhnen auch die Kaufkraft einer Volkswirtschaft beträchtlich abnimmt. Die Absatzerwartungen werden also für die Unternehmen in Folge einer solchen Politik eher schlechter als besser. Und wenn die Unternehmen nicht erwarten können, Mehrproduktionen absetzen zu können, werden sie diese wohlweislich unterlassen — trotz abstrakt ‚besserer Gewinnaussichten': Sie können diese verbesserten Gewinnaussichten eben aufgrund mangelnder Nachfrage nicht „realisieren". Da bliebe nur das Warten auf ‚bessere Exportmöglichkeiten' aufgrund eines gesunkenen Lohnkostenniveaus der heimischen Volkswirtschaft. Doch auch dieses Argument ist selbst modelltheoretisch nicht mehr schlüssig, wenn die Partnerländer auch eine solche monetaristische „Abmagerungspolitik" zur Bekämpfung ihrer eigenen Inflation durchführen — wie es sich derzeit zunehmend innerhalb der westlichen Industrienationen abzeichnet.

Zudem dürften die langfristigen Versäumnisse und Schäden, die eine solche Rezessionspolitik auf infrastrukturellem und sonstigem wirtschaftlichen Gebiet unweigerlich mit sich bringt, der vielbeschworenen ‚Wettbewerbsfähigkeit auf dem Weltmarkt' auch nicht gerade nützlich sein.

Auf einen Nenner gebracht: Eine starre, *restriktive* Geldpolitik kann — unter den gegebenen Wirtschaftsordnungsbedingungen — die Inflationsrate langfristig wohl am ehesten verringern. Das Problem einer *solchen* Antiinflationspolitik ist jedoch, daß der Abbau der Inflationsrate sehr lange dauern kann und während dieser Zeit volkswirtschaftliche Ressourcen in großem Umfang *verschwendet* werden — durch Brachliegen von Produktionskapazitäten und Arbeitslosigkeit. Von der menschlichen und sozialen Tragödie politisch bewußt herbeigeführter langwieriger Arbeitslosigkeit und damit verbunden: gefährlicher sozialer Konflikte gar nicht zu reden!

4. Währungspolitik

Der Erfolg einer nationalen Geldpolitik zur Inflationsbekämpfung ist immer durch Inflationseinflüsse von außen, d.h. vom Ausland, gefährdet. Besonders in einem auf festen Wechselkursen ba- sierenden internationalen Währungssystem ist die Gefahr des Inflationsimports ziemlich groß: Die nationalen Zentralbanken sind hier ja verpflichtet, zur Wechselkursstabilisierung dauernd zu intervenieren. Strömen also aus Gründen eines hohen Zinsniveaus im Inland oder der Spekulation auf eine Aufwertung der Inlandswährung große Mengen an Fremdwährung ins Inland, so ist die nationale Zentralbank gezwungen, diese Mengen an Auslandswährung gegen einheimische Währung, sprich: Zentralbankgeld, umzutauschen. Dadurch wird natürlich die in der heimischen Volkswirtschaft umlaufende Zentralbankmenge unvorhersehbar aufgebläht.

Fortwährende Krisen dieses Währungssystems, besonders im Zusammenhang mit der inflationären Geldschöpfungspolitik der USA im Vietnamkrieg, brachten 1973 das bis dahin geltende Internationale Währungsabkommen von Bretton Woods zu Fall. Seitdem sind die Wechselkurse der wichtigsten Währungen der Welt nicht mehr im Verhältnis zum US-Dollar und untereinander fixiert, sondern entwickeln sich mehr oder minder frei nach den Schwankungen von Angebot und Nachfrage auf dem Devisenmarkt. Dadurch daß die Zentralbanken von der Ankaufspflicht von Auslandswährungen befreit sind, wird ein wesentlicher Teil des sonstigen Inflationsimports verhindert.

Allgemein gesagt, kann also die Währungspolitik mit zur Inflationsbekämpfung beitragen, indem sie den Wechselkurs der heimischen Währung freigibt und sich von der Interventions- oder Ankaufspflicht fremder Währung löst.

Weiter kann hier auf die dahinterstehenden komplexen Zusammenhänge nicht eingegangen werden.

V. „Ausblick" — Kleine und große Auswege

Bei den heute in den westlichen Industrienationen vorgegebenen ordnungspolitischen Strukturbedingungen einer wachstumsorientierten und oligopolisierten marktwirtschaftlich-kapitalistischen Wirtschaftssteuerung ist nicht mehr mit einer dauerhaften Stabilisierung des Preisniveaus einer Volkswirtschaft zu rechnen. Was bleibt, ist — wenn man es mit nüchternen Augen betrachtet — ein politisches Durchlavieren zwischen Inflation und Arbeitslosigkeit. Wir werden immer wieder das eine Übel stärker zulassen müssen, um das andere vorübergehend zu drosseln. Doch muß deswegen das Wirtschaftssystem noch nicht „explodieren". Es kann mit beiden Erscheinungen, solange sie nicht zu hoch werden (!), gut (über)leben — das zeigten die 70er Jahre.

1. Kleine Fluchten *im* „status quo"

Wenn nun aber Inflation nicht verhindert werden kann, rücken Strategien zur Vermeidung der schlimmsten oder unmittelbarsten Folgen von Inflation, hier vor allem der Vermögensverluste, in den Vordergrund der Betrachtung.

Die Einführung von Indexklauseln ist eine solche — und zwar gesamtwirtschaftliche — Strategie, die seit Jahren diskutiert und in gewissen Bereichen auch schon eingeführt worden ist. Der Versuch der ökonomischeren Vermögensanlage ist eine andere — individuelle — Strategie.

1.1 Indexierung

Bei der *Indexierung* handelt es sich um die gesetzlich oder vertraglich abgesicherte Vereinbarung, in nominellen Geldgrößen abgeschlossene Zahlungsverpflichtungen an die Entwicklung eines Index, in der Regel eines speziellen Preisindex wie beispielsweise des Lebenshaltungskostenindex, zu binden. Das bedeutet: Steigen die Lebenshaltungskosten, dann steigen automatisch auch die Geldzahlungen entsprechend mit.

Solche Indexierungen gibt es bei uns derzeit auch schon. Denken Sie nur an die regelmäßigen Rentenanpassungen, wobei die Anpassung hier allerdings nicht an die Preis-, sondern an die Lohnentwicklung stattfindet. Die letztere aber war selbst über die tarifvertragliche Praxis der Inflationsausgleichsformel über lange Jahre quasi an die Preisentwicklung gebunden.

Unmittelbares Ziel einer solchen Anbindung ist die Erhaltung des Realwertes von Geldzahlungen über längere Zeiträume. Mittelbar sollen hiermit

a) inflationsbedingte Umverteilungen und Vermögensenteignungen verhindert und
b) eine inflationsbedingte Beeinträchtigung der Funktionsfähigkeit des marktwirtschaftlichen Preismechanismus zumindest verringert werden.

zu a) Ohne Zweifel am überzeugendsten ist der sozial- und verteilungspolitische Aspekt von Indexierungsmaßnahmen. Es sind ja, wie wir gezeigt haben, gerade die ‚kleinen Sparer‘, die am ehesten von inflationsbedingten Realwertverlusten betroffen werden. Insbesondere die Zinsen der Spareinlagen steigen in der Zeit nur unterproportional mit der Inflationsrate. Gegen diese Realwertverluste ihrer Geld- oder geldnahen Vermögensanlagen würden die Sparer durch eine Indexierung weitgehend geschützt. In der Bundesrepublik sind allerdings, im Gegensatz zu vielen anderen Ländern, aus Gründen, die zu diskutieren hier zu weit führen würde, Indexklauseln auf dem gesamten Gebiet des Kapitalverkehrs gegenwärtig − noch − verboten bzw. bedürfen besonderer Zustimmung der jeweiligen Landeszentralbank (z.B. bei Leibrenten).

Doch nicht nur die Sparer, sondern auch die Transferempfänger (Sozialhilfeempfänger etc.) könnten durch eine entsprechende Indexierung vor Realwertverlusten geschützt werden.

Und was die *Lohn*einkommen anbelangt, so wird von den Befürwortern einer Indexierung erhofft, daß durch eine Koppelung der Lohnentwicklung an den Preisindex für die Lebenshaltung der permanente Verteilungskonflikt entschärft würde. Voraussetzung dafür wäre allerdings eine simultane Steuerindexierung, die die inflationsbedingten Steuerprogressionseffekte ausschließt. Als Ergebnis dessen wird eine niedrigere Inflationsrate erwartet. Aus den gleichen Überlegungen heraus ist auch in den USA vorgesehen, ab 1985 die persönliche Einkommenssteuer jährlich an die Inflationsrate anzupassen.

zu b) Zudem erhoffen sich in der Regel die Verfechter einer Indexierung, daß durch eine Preisindexbindung bei den Ersparnissen und den laufenden Lohneinkommen die durch Inflation beeinträchtigte Funktionsfähigkeit des marktwirt-

kann.

Die Beeinträchtigung dieser Funktionsfähigkeit spiegelt sich wider in den bei Inflation auftretenden Planungs- und Kalkulationsschwierigkeiten der Unternehmen: Durch die Unsicherheit über die zukünftige Preisentwicklung und die daraus entstehenden Rechnungsschwierigkeiten würden mehr und mehr falsche Investitionsentscheidungen getroffen. Eine Indexierung könnte dies reparieren: Sie ermöglichte den Unternehmen wieder eine Kalkulation in realen Größen; die Verunsicherung würde zurückgehen. Auch die durch Inflation hervorgerufene „Flucht" in Sachwerte (man spricht manchmal auch von Flucht in „Betongeld" in Anspielung auf die bei Inflation zu beobachtende verstärkte Nachfrage nach als wertsicher betrachteten Immobilien) würde gestoppt. Dadurch wäre auch wieder die sonst gefährdete Investitionsfinanzierung durch die Aufbringung langfristigen Anleihekapitals gesichert.

Warum wird dann — bei all diesen unterstellten positiven Wirkungen — nicht überall die Indexierung eingeführt, werden Sie jetzt sicherlich fragen? Nun, besonders die unter Punkt b) geschilderte Hoffnung auf die beschriebenen Wirkungen wird nicht von allen Fachleuten geteilt. Viele halten diese Effekte für nicht sicher und vor allem wenn wirksam, dann nur langfristig, vielleicht erst nach vielen Jahren. Zudem wird häufig auf die möglichen negativen Übergangs- und Anpassungseffekte auf dem Kapitalmarkt hingewiesen.

Das entscheidende Gegenargument aber ist folgendes: Es wird befürchtet, daß die Indexierung zu einer Erlahmung der Widerstände gegen eine dann stärker eskalierende Inflation führt, da die unmittelbaren negativen Folgen von Inflation für den Einzelnen beseitigt sind. Dies würde sich aber auf die Dauer rächen, und zwar zuerst und besonders auf außenwirtschaftlichem Gebiet: Eine stärkere Inflationierung im Inland als im Ausland würde tendenziell zu einer ständigen Abwertung der inländischen Währung führen, was die Importe verteuert und dadurch gegebenenfalls die Verschuldung des Inlands gegenüber dem Ausland immer mehr verstärkt.

1.2 Ökonomisierungsversuche der Vermögenshaltung

Wenn nun keine allgemeine Indexierung eingeführt wird, so bleibt dem Einzelnen in Inflationen zumindest der Versuch, seine

Vermögenshaltung zu „ökonomisieren" — wie man in der Fachsprache sagt. Man kann als Einzelner versuchen, die durch Inflation auftretenden Realwertverluste bei der Geld- und Vermögenshaltung zu reduzieren. Das geschieht durch laufende oder zumindest häufigere Umschichtungen seines Vermögensbestandes in die jeweils „lukrativsten" Anlageformen. Die „lukrativsten" sind dabei nicht immer die am höchsten verzinsten, sondern es kommt auch auf das sog. Anlagerisiko an, vor allem auf das Liquiditätsrisiko (den Unsicherheitsgrad bezüglich einer kurzfristigen Umwandlungsmöglichkeit in bares Geld bzw. der damit verbundenen Kosten). Höherverzinsliche Anlagen sind oft auch mit einem höheren Risiko verbunden. Deshalb wird ja auch von Anlageberatern in aller Regel eine gemischte Vermögensanlage empfohlen, d.h. eine Mischung zwischen höher verzinslichen, aber auch riskanteren oder illiquideren Anlagen (wie beispielsweise Grundstücke) und niedriger verzinslichen, dafür aber relativ sicheren oder liquiden Anlagen (wie beispielsweise das altbewährte Sparbuch).

Bei Inflation ändern sich nun die *realen* Renditen der Anlageformen laufend. Zudem erscheinen bei steigender Inflation auf dem Kapitalmarkt dauernd neue, mit einer höheren Nominalverzinsung ausgestattete Wertpapiere, so daß der einzelne Anleger immer wieder vor die Frage gestellt ist, ob er seine alten Papiere gegen die neuen umtauschen soll. Dies ist allerdings nicht immer lohnend, da bei solchen Umtauschaktionen sowohl von der Bank bzw. der Börse berechnete Kosten, als auch zum Teil beträchtliche Kursverluste anfallen. Die alten Papiere werden ja, da niedriger verzinst als die neuen, verstärkt zum Verkauf angeboten, was deren Kurs und damit den Gegenwert, den man bei einem vorzeitigen Verkauf der Wertpapiere erhält, drückt.

Sicherlich ist der Versuch der Ökonomisierung der Vermögenshaltung bei Inflation mit viel Zeitaufwand bei der Information und Geschäftsabwicklung verbunden. Vor allem die Informationsgewinnung über die verschiedenen, auch jeweils neuen Anlagemöglichkeiten bildet aber das A & O der individuellen Sicherung gegen zu große Realwertverluste bei Inflation. Gerade die Informiertheit über die bestehenden Anlage-Alternativen ist jedoch, wie Untersuchungen gezeigt haben, relativ gering — dies besonders bei geringer verdienenden Haushalten und den Rentnern.

Der einfachste und direkteste Weg zur Information über die jeweils aktuellen Anlagemöglichkeiten ist immer noch der zu Banken/Sparkassen oder auch (bei genügend Geld) zu speziellen, privaten Anlageberatern. Dabei ist jedoch zu berücksichtigen: Die Banken ebenso wie die anderen privaten Anlageberater wollen na-

türlich auch an Ihnen bzw. Ihren Anlageentscheidungen verdienen.
Der erste Ratschlag, den Sie dort bekommen, wird nicht immer
der für Sie optimale sein. Es ist daher notwendig, immer wieder
„nachzubohren". Dies ist natürlich um so leichter möglich, je
mehr Grundkenntnisse Sie auf dem Gebiet der Geldanlage schon
besitzen. Vorherige autodidaktische Vorbereitung durch Informa-
tionsbroschüren, die Sie von Banken/Sparkassen oder auch von
öffentlichen Stellen wie Wirtschafts- und Finanzministerien ko-
stenlos erhalten, oder durch andere Fachlektüre zahlt sich immer
aus.

Es gilt aber auch hier, wie auf vielen anderen Gebieten, daß gerade diejenigen, die schon viel Vermögen besitzen, auch am gün-
stigsten fahren. Sie können sich in der Regel am besten vor Inflation schützen: Nicht nur deswegen, weil sie sich vielleicht einen
teuren privaten Anlageberater leisten können, sondern weil gewisse „lukrativere" Anlagemöglichkeiten erst bei Einsatz relativ hoher Geldmittel wahrgenommen werden können. Dies fängt an
bei der gegenüber dem Sparbuch höher verzinsten, aber fast ebenso liquiden Geldanlagemöglichkeit in Form von „Fest-" oder
„Termingeld" (Minimumeinlage in der Regel 10.000 DM) bis hin
zum Immobilienkauf oder der Beteiligung an bestimmten Kapi-
talgesellschaften.

2. Inflationsvermeidung durch Systemalternativen?

Wenn eine bestehende Wirtschaftsordnung mit einem so gravie-
renden Problem wie Inflation nicht fertig wird, stellt sich natürlich sehr bald die Frage nach alternativen Wirtschaftsordnungen.
So bezeichnete selbst der ‚Sachverständigenrat' schon in seinem
Jahresgutachten 1973 Dauerinflation als „Zeichen der Niederlage
unseres Wirtschaftssystems". Doch was sollte an Stelle dessen
treten?

2.1 Herkömmliche Planwirtschaft?

Die Alternative einer auf zentraler Planung beruhenden, Inflation vermeidenden Wirtschaftsordnung ist *theoretisch* leicht kon-
struiert. Ob dies jedoch bedeutet, daß auch in der Praxis Preisstabilität auf Dauer erreicht wird, ist — besonders angesichts der blei-
benden Weltmarktverflechtungen und Rohstoffabhängigkeiten —
nicht gesagt. Und die gegenwärtigen Erfahrungen in den östlichen
Zentralverwaltungswirtschaften deuten auch nicht gerade darauf
hin.

Doch gewichtiger noch bei der Diskussion zentralistischer Planwirtschaften sind die zu befürchtenden Nebeneffekte, die gegen eine solche ‚Alternative' angeführt werden, und die Sie sicherlich kennen:
— Verschlechterung der Warenversorgung bzw. zumindest kurzfristig immer wieder auftretende Versorgungsengpässe,
— größere Ressourcenverschwendung,
— Erlahmung des Produktionsantriebs,
— Erlahmung des Innovationsantriebs.
Wie dies in Relation zu weitgehend gesicherten Arbeitsplätzen und weitgehender Vermeidung von Inflation zu sehen ist, — dies zu bewerten, sei jedem Einzelnen von Ihnen überlassen.

Anzumerken ist in diesem Zusammenhang, daß es etliche auch renommierte Ökonomen gibt, die behaupten — und die heutige Wachstumskrise scheint ihnen sogar rechtzugeben —, daß die angesprochenen negativen Nebeneffekte ebenfalls innerhalb eines kapitalistischen Systems mit einer starken Konzentrationsbewegung, wie sie in den vergangenen Jahrzehnten auch bei uns festzustellen gewesen ist, einhergehen.

Daß die Inflationsbewegung in den letzten Jahrzehnten zu einem guten Stück mit dieser Konzentrationsbewegung zusammenhing, wurde in diesem Buch schon zum Ausdruck gebracht.

2.2 ‚Gemeinschaftlich-dezentrale' Planung?

Die starken Verbürokratisierungstendenzen, die in den bisherigen, zentral verwalteten Planwirtschaften sichtbar geworden sind, haben jedoch diese ‚Alternative' weitgehend diskreditiert. Umso interessanter erscheinen dagegen heute Denkmodelle, die versuchen, planwirtschaftliche und marktwirtschaftliche Elemente zu verbinden. Dadurch soll erreicht werden,
— daß einerseits die Wirtschaft leistungsfähig bleibt, und das ohne Inflation und Arbeitslosigkeit,
— und die demokratischen Mit- und Selbstbestimmungsrechte der Gesellschaftsmitglieder gewahrt bleiben, ja gegenüber unserem heutigen System insbesondere im Arbeits- und Wirtschaftsbereich noch beträchtlich ausgeweitet werden.
Diese Denkmodelle laufen unter den Namen *sozialistische Marktwirtschaften* oder *Arbeiterselbstverwaltungen* und sind vor allem in der Diskussion bzw. aus der Kritik um das „jugoslawische Modell" heraus (weiter-)entwickelt worden. Neuere Vorstellungen hierzu zentrieren sich um die Idee einer ‚gemeinschaftlich dezentralen' Planung, was vor allem darauf hinausläuft, daß in kleinen

dezentralen Produktionseinheiten die Arbeitnehmer über Produktion und Verteilung selbst und gemeinsam bestimmen, die sog.
‚Makro-Koordination' aber über den Markt geregelt wird. Ob eine
solche Wirtschaftsordung stabil ist, könnte erst die Praxis zeigen.
Nichtsdestoweniger kann man zumindest in Bezug auf die Infla-
tionsproblematik, die ja hier unser Hauptbetrachtungspunkt ist,
sagen, daß mit einer solchen gemeinschaftlich-dezentralen Planung wenigstens die gesellschaftlichen Voraussetzungen geschaffen wären für das, was beispielsweise der ‚Sachverständigenrat'
fordert: nämlich den *Sozialen Konsens* über die Verteilung. Die
Arbeitnehmer, die Löhne erhalten, sind gleichzeitig Mit-Besitzer
der Produktionsmittel ihres Betriebes, und sind damit nicht nur
an ihrem Lohn interessiert, sondern auch daran, wie sich die Ge-
winnlage ihres Betriebs entwickelt. Das heißt, Investition und
Verteilung werden als Einheit gesehen und auch gemeinsam ge-
plant. Die den Inflationsprozeß nährende und in einer kapitalistischen Wirtschaftsordnung unvermeidliche Anpassungsautomatik
im Verteilungsprozeß würde dadurch ausgeschaltet.

Der Einwand, der gegen diese ‚basisdemokratische' Vorstellung
erhoben werden kann, ist der, daß die (zumindest eine plötzliche)
Installierung einer solchen Wirtschaftsordnung in unserer heutigen
extrem arbeitsteiligen und hochtechnisierten Weltwirtschaft zu
einem vielleicht sogar drastischen Rückgang des Wirtschaftswachstums führen würde. Je isolierter ein Land diesen Weg gehen würde, um so stärker wären diese Einbußen. Doch muß und kann dieser Einwand „ruhigen Gewissens" von den Vertretern dieses Mo-
dells akzeptiert werden — soll ja den Gesellschaftsmitgliedern
nichts aufoktroyiert werden, sondern dieser mit einer materiellen
Einschränkung verbundene Weg, unter Aufdeckung der Konsequenzen, nur zur (öffentlichen) Diskussion gestellt werden. Die
materielle Einschränkung wäre dann bei Verfolgung dieses Weges
letztlich „freiwillig" gewählt. Daß derzeit eine solche Einschränkung und damit die beschriebene Wirtschaftsordnung als Global-
strategie von der Mehrheit der Bevölkerung abgelehnt würde, ist
klar. Deswegen und auch wegen der kurzfristig doch drastischen
Kosten einer plötzlichen Wirtschaftsordnungsänderung könnte
der durch das obige Modell vorgezeichnete Weg nur sukzessive be-
schritten werden. Der vorerstmalige Versuch des Aufbaus einer
durch solche kleinen Produktionsgenossenschaften gebildeten Ne-
benwirtschaft wäre aber der Förderung wert. Mit Blick auf den
damit in Gang gesetzten stärkeren Wettbewerb wäre auch zu erwarten, daß dadurch schon die Inflationsrate ein wenig gesenkt
werden könnte.

Literaturhinweise

Im folgenden beschränke ich mich auf einige ausgewählte deutschsprachige Literaturhinweise, die zur Vertiefung des in diesem Buch dargebotenen Überblicks dienen können. Dabei werden die Literaturhinweise – um Ihnen den Zugang zu erleichtern – den einzelnen Kapiteln zugeordnet.

zu Kapitel I:

Issing, O.: Inflationsbegriff und Inflationsmessung. In: Inflation. Definitionen, Ursachen, Wirkungen und Bekämpfungsmöglichkeiten. Hrsg. von A. Woll. München 1979, S. 4ff.

Rödel, U., und *V. Brandes*: Inflation – Die historische Perspektive. In: Inflation – Akkumulation – Krise, I. Handbuch 3. Hrsg. von E. Altvater et al. Frankfurt 1976, S. 25ff.

Scherf, H.: Inflation. In: Handwörterbuch der Wirtschaftswissenschaft (HdWW), Band 4. Stuttgart 1978, S. 159ff.

Schmölders, G.: Die Inflation. Ein Kernproblem in Wirtschaft und Gesellschaft. Paderborn 1976.

zu Kapitel II:

Claassen, E.M.: Weltinflation. München 1978.

Ehrlicher, W., und *W.-D. Becker* (Hrsg.): Die Monetarismus-Kontroverse. Beihefte zu Kredit und Kapital, Heft 4. Berlin 1978.

Friedman, M.: Die optimale Geldmenge und andere Essays. München 1970.

Frisch, H.: Die neue Inflationstheorie. Göttingen 1980.

Johnson, H.G.: Inflation. Theorie und Politik. München 1975.

Müller, N.W.: Anspruchsverhalten sozialer Gruppen und Inflation. Köln 1976.

Müller, U., H. Bock, und *P. Stahlecker*: Stagflation. Ansätze in Theorie, Empirie und Therapie. Königstein/Ts. 1980.

Pohl, R.: Theorie der Inflation. München 1981.

Steinmann, G.: Inflationstheorie. Paderborn 1979.

Ströbele, W.: Inflation – Einführung in Theorie und Politik. München 1979.

zu Kapitel III:

Buhbe, M., und *S. Hilmer*: Konjunktur und Staat. Hintergründe 5. Würzburg–Wien 1981.

Hettlage, R.: Inflation und soziale Desintegration. In: Wirtschaftsdienst, 56. Jg., 1976, S. 640ff.

Mückl, W.J., und *R. Hauser*: Die Wirkungen der Inflation auf die Einkommens- und Vermögensverteilung. Göttingen 1975.

*Nowotny, E. (*Hrsg.): Löhne, Preise, Beschäftigung. Frankfurt 1974.

Ramser, H.J., und *B. Angehrn* (Hrsg.): Beschäftigung und Inflation. Stuttgart–New York 1977.

152 *Rothschild, K.W.*: Politische und ökonomische Aspekte der permanenten Geldentwertung. In: Beschleunigter Geldwertschwund — Ursachen und Konsequenzen. Hrsg. von K.W. Rothschild und H.J. Schmahl. Hamburg 1973.

Streißler, E., L. Beinsen, St. Schleicher und *H. Suppanz*: Zur Relativierung des Zieles der Geldwertstabilität. Göttingen 1976.

Wagner, H.: Wachstumseffekte der Inflation. In: Wirtschaftswissenschaftliches Studium (WiSt), 10 (4), 1981a, S. 163ff.

—: Wachstumseffekte der Inflation. In: Zeitungskolleg: Geld & Gold. Hrsg. v. Deutschen Institut für Fernstudien (DIFF). Reprint. Tübingen 1981b, S. 63ff.

—: Inflation und Wirtschaftswachstum. Zum Einfluß von Inflation auf die Akkumulationsrate. Berlin 1982.

zu Kapitel IV:

Berg, H.: Wettbewerbspolitik. In: Vahlens Kompendium der Wirtschaftstheorie und Wirtschaftspolitik, Bd. 2. München 1981, S. 213ff.

Buhbe, M., und *S. Hilmer*: Konjunktur und Staat. Hintergründe 5. Würzburg—Wien 1981.

Cassel, D., und *H.J. Thieme*: Einkommenspolitik. Köln 1977.

Duwendag, D. et al.: Geldtheorie und Geldpolitik. Köln 1977.

Friedrich, H.: Stabilisierungspolitik. Wiesbaden 1978.

Kalmbach, P. (Hrsg.): Der neue Monetarismus. München 1973.

Mackscheid, K., und *J. Steinhausen*: Finanzpolitik I — Grundlagen finanzpolitischer Lenkung. Tübingen—Düsseldorf 1975.

Schäfer, W.: Währungen und Wechselkurse. Hintergründe 6. Würzburg—Wien 1981.

Zinn, K.G.: Preissystem und Staatsinterventionismus. Geschichte und Theorie der privaten Preisadministration und der Preiskontrolle in Großbritannien und den USA. Köln 1978.

zu Kapitel V:

Deutsches Institut für Fernstudien (DIFF) (Hrsg): Zeitungskolleg: Geld & Gold. Tübingen 1981, Kap. 10.

Ehrlicher, W. (Hrsg.): Probleme der Indexbindung, Beihefte zu Kredit und Kapital, (2). Berlin 1974.

Leipold, H. (Hrsg.): Sozialistische Marktwirtschaften. Konzeptionen und Lenkungsprobleme. München 1975.

Pichler, J.H., H. Verhoning, und *N. Hentschel*: Inflation und Indexierung. Theoretische Analyse, Instrumentarium, empirische Befunde und Kritik. Berlin 1979.

Vogt, W.: Politische Ökonomie 1979. In: Stichworte zur ‚Geistigen Situation der Zeit'. Hrsg. von J. Habermas. Frankfurt 1979, S. 381ff.

Stichwortverzeichnis

hintergründe

W. Brandes u. P. Weise
Arbeitsmarkt und Arbeitslosigkeit
1980. 188 S. Br. DM 17.80.
ISBN 3 7908 0500 9.
(= hintergründe 1)

Viele Leute haben für Arbeitslosigkeit einfache Erklärungen: „Die Löhne sind zu hoch", „zuviel Schwarzarbeit", „Gastarbeiter nehmen Arbeitsplätze weg" u.a. Sachlich und objektiv diskutieren die Autoren diese und andere Meinungen mit dem Leser und geben Antworten.

E. Lang u. W.A.S. Koch
**Staatsverschuldung —
Staatsbankrott?**
1980. 180 S. Br. DM 17.80.
ISBN 3 7908 0501 7.
(= hintergründe 2)

In diesem Buch werden die rechtlichen und gesellschaftspolitischen Grundlagen der Staatsverschuldung ebenso wie die Beziehung zur Konjunkturentwicklung, die Verteilungs- und Wachstumswirkungen einfach dargestellt, ohne dabei die verzweigten Zusammenhänge zu verzerren.

R.J. Langhammer u. B. Stecher
Der Nord-Süd-Konflikt
1981. 156 S. Br. DM 17.80.
ISBN 3 7908 0502 5.
(= hintergründe 3)

Nach anfänglicher Klärung der historisch-wirtschaftlichen Zusammenhänge wird in dem Buch deutlich, wie das Nord-Süd-Gefälle entstanden ist, welche Strategien Entwicklungs- und Industrieländer verfolgen und welche Möglichkeiten für partnerschaftliche Lösungen bestehen.

H.G. Petersen
Sicherheit der Renten?
1981. 192 S. Br. DM 17.80.
ISBN 3 7908 0507 6.
(= hintergründe 4)

Die gesetzliche Rentenversicherung befindet sich in einer Art Dauerkrise, die auch zu einer Verunsicherung der Versicherten und der Rentner beiträgt.
Das Buch zeigt anhand eindrucksvoller Analysen die Zukunftsperspektiven unserer Altersversorgung auf und macht deutlich, wie die soziale Sicherung mit einer Vielzahl von Faktoren zusammenhängt.

 physica-verlag · würzburg—wien

hintergründe

M. Buhbe u. S. Hilmer
Konjunktur und Staat
1981. 184 S. Br. DM 17.80.
ISBN 3 7908 0506 8.
(= hintergründe 5)

Immer wieder gibt es Auseinandersetzungen über die „richtige" Wirtschaftspolitik.
Die Autoren zeigen verständlich und einleuchtend, wie bereits bei der Erklärung der Ursachen, die den ständigen Konjunkturwechsel bewirken, die Ansichten auseinandergehen. In die Darstellung wird eine aktuelle Stellungnahme des Sachverständigenrates der „Fünf Weisen" einbezogen.

U. Häusler, D. Haase u. G. Lange
Schienen statt Straßen?
1983. 160 S. Br. DM 17.80.
ISBN 3 7908 0503 3.
(= hintergründe 7)

Gestiegene Energiekosten und ein geschärftes Umweltbewußtsein führen in der Öffentlichkeit zur Überprüfung der Rollen, die der Straße und der Schiene zugewiesen sind. Das Buch zeigt die Möglichkeiten für ein optimales Verkehrssystem, wo die Chancen der Straße und wo die der Schiene liegen, aber auch, was in den letzten Jahren bereits versäumt wurde.

W. Schäfer
Währungen und Wechselkurse
1981. 160 S. Br. DM 17.80.
ISBN 3 7908 0504 1.
(= hintergründe 6)

Dieses Buch will die Gegenwartsprobleme des Internationalen Währungssystems verdeutlichen, Hintergründe beleuchten und Lösungsansätze aufzeigen. Für das komplizierte System internationaler Währungszusammenhänge geht es darum, den Leser zu befähigen, tatsächliche von scheinbaren Problemen zu unterscheiden.

H. Wagner
Inflation
1983. 160 S. Br. DM 17.80.
ISBN 3 7908 0508 4.
(= hintergründe 8)

Die Geldentwertung ist weltweit zu einem der größten Probleme geworden. Die Gefahr, Ersparnisse zu verlieren und die Erfahrungen aus zwei katastrophalen Hyperinflationen versetzen auch hierzulande viele Leute in Sorge. Der Autor schildert anschaulich, wie Inflation entsteht und welche Möglichkeiten es gibt, die Geldentwertung zu bekämpfen.

weitere Titel in Vorbereitung:

 physica-verlag · würzburg—wien

If you have any concerns about our products,
you can contact us on
ProductSafety@springernature.com

In case Publisher is established outside the EU,
the EU authorized representative is:
Springer Nature Customer Service Center GmbH
Europaplatz 3, 69115 Heidelberg, Germany

Printed by Libri Plureos GmbH
in Hamburg, Germany